青少年心理自助文库
疗愈丛书

U0655161

入 迷

乱花渐欲迷人眼

周正森/著

> 入迷在我们的个人生活中起着那么重要的作用！
> 任何人想要成功，
> 必须具备这种行事专注的品质。

中国出版集团　现代出版社

图书在版编目（CIP）数据

入迷:乱花渐欲迷人眼 / 周正森著. —北京 ：现代出版社，2013.11
（2021.3 重印）

（青少年心理自助文库）

ISBN 978-7-5143-1964-4

Ⅰ．①入… Ⅱ．①周… Ⅲ．①学习兴趣 – 青年读物
②学习兴趣 – 少年读物 Ⅳ．①G442 – 49

中国版本图书馆 CIP 数据核字（2013）第 276398 号

作 者	周正森	
责任编辑	崔晓燕	
出版发行	现代出版社	
通讯地址	北京市安定门外安华里 504 号	
邮政编码	100011	
电 话	010 – 64267325 64245264（传真）	
网 址	www.1980xd.com	
电子邮箱	xiandai@ cnpitc. com. cn	
印 刷	河北飞鸿印刷有限责任公司	
开 本	710mm × 1000mm 1/16	
印 张	12	
版 次	2013 年 11 月第 1 版 2021 年 3 月第 3 次印刷	
书 号	ISBN 978-7-5143-1964-4	
定 价	39.80 元	

为什么当今一部分青少年拥有丰富的物质生活却依然不感到幸福、不感到快乐？怎样才能彻底走出日复一日的身心疲惫？怎样才能活得更真实、更快乐？我们越是在喧嚣和困惑的环境中无所适从，越觉得快乐和宁静是何等的难能可贵。其实"心安处即自由乡"，善于调节内心是一种拯救自我的能力。当我们能够对自我有清醒的认识，对他人能宽容友善，对生活无限热爱的时候，一个拥有强大的心灵力量的你将会更加自信而乐观地面对一切。

青少年是国家的未来和希望。对于青少年的心理健康教育，直接关系到其未来能否健康成长，承担建设和谐社会的重任。作为学校、社会、家庭，不仅要重视文化专业知识的教育，还要注重培养青少年健康的心态和良好的心理素质，从改进教育方法上来真正关心、爱护和尊重青少年。如何正确引导青少年走向健康的心理状态，是家庭、学校和社会的共同责任。心理自助能够帮助青少年改善心理问题，获得自我成长，最重要之处在于它能够激发青少年自觉进行自我探索的精神取向。自我探索是对自身的心理状态、思维方式、情绪反应和性格能力等方面的深入觉察。很多科学研究发现，这种觉察和了解本身对于心理问题就具有治疗的作用。此外，通过自我探索，青少年能够看到自己的问题所在，明确在哪些方面需要改善，从而"对症下药"。

我们常听到"思路决定出路，性格决定命运"的名言，"思路"是指一个人做事的思维和发展的眼光，它决定了个人成就的大小；"性格"是指一个人的

品格和心胸，做事要成功，做人必先成功。一个做人成功的人，事业才可能有长足的发展。

记得有位哲人曾说："我们的痛苦不是问题本身带来的，而是我们对这些问题的看法产生的。"这句话正好体现了"思路"两字的含义。有时候我们由于视野的不开阔，看问题容易局限在某个小范围，而自己可能也就是在这个小范围内执意某些观点，因此导致自己无法找到出路而痛苦。如果我们能在面对问题时，让视野更开阔一些，看问题更加深入一些，或许我们会产生新的思路，进而能找到新的出路。

视野的开阔在一定程度上决定了思路的萌发。从某种程度上看，思路已是在你大脑中形成的对问题解决的模型，在思路实施前，自己已经通过自身的知识在大脑中做了模拟实施和预测判断。但无论是模型的形成，还是预测判断，都离不开自身的知识结构。知识结构越完善，自己的视觉就越开阔，就越能把握问题的本质，更加容易萌发新的思路。知识储备的广度在一定程度上决定了思路的高度。

本丛书从心理问题的普遍性着手，分别论述了性格、情绪、压力、意志、人际交往、异常行为等方面容易出现的一些心理问题，并提出了具体实用的应对策略，以帮助青少年读者驱散心灵的阴霾，科学调适身心，实现心理自助。

本丛书是你化解烦恼的心灵修养课，可以给你增加快乐的心理自助术；本丛书会让你认识到：掌控心理，方能掌控世界；改变自己，才能改变一切；只有实现积极的心理自助，才能收获快乐的人生。

C目 录
CONTENTS

目

录

第六篇　入迷才能做情绪的主人

第一篇

消极心态是入迷的天敌

如果你经历过许多失败，却没有找到正确客观的原因，也没得到合适的帮助指点，你就可能会滑向消极："我说过，人是不能相信的。相信人你就倒霉。""努力有什么用？还是需要后台。我就努力过，可结果呢？"有这种想法的人，说明他已经被消极心态控制了。驾驭自己的消极心态，努力发掘、利用每一种积极的心态，是一个成功者所需的基本素质，也是一个人成功的基本保证。长期生活在以消极失败心态为主的社会里的人，不管他阅历多么丰富，都难以摆脱消极心态的影响。

走出消沉坦对困难

在一件事情没有发展到不可收拾的地步时,千万不要轻言放弃。人的智慧总是这么奇妙,也许就在下一分钟,你就会想到一个解决问题的绝妙主意。你和困难就像两个势均力敌的对峙者,谁也无法预料最后的失败者究竟是谁。所以,面对困难,你要有一个积极的心态。

有机会与把握机会

天空中掉下来的永远不会是面包,所以成功者从不仰望天空,坐等机会掉进怀里,只有弱者才会等待机会。优秀的人不会等待机会的到来,而是去寻找并攫取机会,把握机会、征服机会、让机会成为服务于他的奴仆。这是优秀者的习惯。

一位修士虔诚地信奉着上帝。有一天,他不小心跌入了湍急的河里。修士不会游泳,但他并不着急,因为他相信上帝是不会放弃他虔诚的子民的,上帝一定会救他的。当他刚刚落入河里时,正好有人从岸边经过,如果他喊救命,是能够得救的。但他想上帝会救他的,于是没喊。当河水把他冲到河流中心时,他发现前面有一根浮木,如果他用力挣扎几下,是可能把它抓住的,但他想上帝会救他的,于是继续在水中载浮载沉。

最后,他被淹死了。

修士死后,他的灵魂愤愤不平地质问上帝:"我如此虔诚地信教,你为什么不救我呢?"

上帝奇怪地问:"我还奇怪呢!我给了你两次机会,为什么你都没有抓住?"

不能一直消极地等待,有了目标,就要立即行动。修士跌入河中,他的目标就是上岸,但要通过怎样的方式上岸呢?有人从岸边经过,他没喊;面前有一根浮木,他不抓住。多好的机会啊,但他没有积极的行动,最终丧失了性命。

所以,当你感觉英雄无用武之地时,不要总是喊:机会!请给我机会!

其实,每个人生活中的每时每刻都充满了机会。你在学校里的每一堂课是一次机会,每一次考试是一次机会,每一个病人对于医生都是一个机会,每一篇发表在报纸上的文章是一次机会,每一个客户是一个机会;每一次商业买卖是一次机会,是一次展示你的优雅与礼貌、果断与勇气的机会,是一次表现你诚实品质的机会,也是一次交朋友的机会。

在这个世界上,生存本身就意味着上帝赋予了你奋斗进取的特权,你要利用这个机会,充分施展自己的才华去追求成功,那么这个机会所能给予你的东西要远远大于它本身。想一想吧,像弗莱德·道格拉斯这样一个连身体都不属于自己的奴隶,尚且能够通过自身的努力最终成为一位杰出的演说家、作家和政治家,那你就更不要说自己没有机会了。

乐观地面对挫败

一个人在工作和生活中会遇到各种障碍、困难,遭遇很多失败、痛苦。在挫折面前,有的人会出现暴怒、恐慌、悲哀、沮丧、退缩等情绪,影响了学习和工作,损害了身心健康。而有的人却笑对挫折,对环境的变化能做出

灵敏的反应，善于把不利条件化为有利条件，摆脱失败，走向成功。

意大利杰出的小提琴家帕格尼尼在监狱里自得其乐，用破旧的小提琴练琴和演奏；波兰伟大的诗人密茨凯维支在牢房里构思诗作，在放逐途中创作了著名的《十四行诗集》。

人遭到挫折之后，把自己的情感和精力转移到有益的活动中去，从而将不良情绪导往比较崇高的方向，使其得到升华，这是最为积极的办法。善于采取升华这种积极的方式，就能像贝多芬说的一样："通过苦难，走向欢乐。"

面对苦难和挫折，你要抬起头来，笑对它，相信"这一切都会过去，今后会好起来的"。希望是不幸者的第二灵魂。向往美好的未来，是困难时最好的自我安慰。在多难而漫长的人生路上，我们需要一颗健康的心，需要绚烂的笑容。苦难是一所没人愿意上的大学，但从那里毕业的，都是强者。

人之一世，殊为不易。在看似平坦的人生旅途中充满了种种荆棘，往往使人痛不欲生。

"老当益壮，宁移白首之心；穷且益坚，不坠青云之志"。初唐四杰之一的王勃，可谓"时运不济，命途多舛"，然而直面挫折，他却能达人知命，笑看人生。试想，如果没有王勃开朗阔达的胸襟，哪能有他吟放出"海内存知己，天涯若比邻"的千古绝唱？

"安能摧眉折腰事权贵，使我不得开心颜"的浪漫诗仙李白，在遭遇仕途不顺的挫折后，他沉寂了吗？消沉了吗？没有。"长安市上酒家眠"，笑对痛苦和挫折的他拂袖而去，遍访名山，终于成就了他千古飘逸的浪漫情怀！

前事不忘，后事之师，古人已经为我们做出了太多的榜样，也留下了太多的遗恨。在现在竞争日益加剧的社会里，挫折无处不在，若因一时受挫而放大痛苦，将会终身遗憾。遭遇挫折，就当它是一阵清风，让它从你耳边轻轻吹过；遭遇挫折，就当它为一阵微不足道的小浪，不要让它在你心中激起惊涛骇浪；遭遇挫折，就当痛苦是你眼中的一颗尘粒，眨一眨眼，

流一滴泪,就足以将它淹没。遭遇挫折,不应放大痛苦。擦一擦额上的汗,拭一拭眼中的泪,继续前进吧!

要有强大的内心韧性

岁月如流,人生苦短。对酒当歌,人生几何? 由此,一些人逃避生活,另一些人则全心全意地献身于它。

如果谁也拿不走你的快乐、你的自信和你内心的宁静,那么,你已经强大到不可征服了。

面对当今越来越复杂、越来越纷乱的社会,在背负巨大心理压力的同时,我们经常还会碰到各种各样的困难和挫折,如下岗失业、家庭变故、婚姻失败、学业不顺、经济纠纷等诸多问题。当这一切突如其来无法解决时,一切取决于我们内心是否强大。

"谁也别想把黑暗放在我面前,因为太阳就生长在我心底。"这是一句挺美的歌词,它说出了快乐的真谛。

心灵悄悄话

每个人的一生都会遇到诸多的不顺心,个性悲观消极的人在遇到困境时,看不到前途的光明,抱怨天地的不公,甚至破罐子破摔,在精神上垮掉;而个性积极乐观的人在遇到困境时,能够泰然处之,认定活着就是一种幸福,无论是顺境还是逆境,都一样从容安静,积极寻找生活的快乐,不浪费生命的一分一秒,于黑暗之中向往光明,在精神上永远不会垮掉。

消极心态能使你成为失败者

心态是我们命运的控制塔,消极心态(NMA)是失败、疾病与痛苦的源流,而积极心态(PMA)是成功、健康、快乐的保证!

心态决定成败,无论情况好坏,都要抱着积极的心态,莫让沮丧取代热心,生命可以价值很高,也可以一无是处,随你怎么选择。

选择了PMA的人,会到达成功的彼岸;选择了NMA的人,则会遭遇失败。

有些人只是暂时使用积极的心态,当他们遇到了挫折,就失去对它的信心。他们开始是对的,但是一遇到挫折,则将隐形护身符从PMA的一面翻转到NMA,以NMA来麻痹自己、慰藉自己、封闭自己,期望凭着他们的NMA,天上会掉下馅饼。他们不了解NMA产生的后果。

消极心态与成功良机

一个人在生活中老是寻找消极的东西的话,NMA就会成为一种难以克服的习惯,这时即使出现好机会,这个消极的人也会看不见抓不着,他会把每种情况都看作一种障碍,一种麻烦。

障碍与机会有什么差别呢?关键在于人们对它的态度而定。积极的人视挫折为成功的垫脚石,并将挫折转化为机会;消极的人视挫折为成功的绊脚石,任机会悄悄溜走。

面对同样的机会,充分使用 PMA 的人能获得人生中有价值的东西,而充分运用 NMA 的人则看着幸福渐渐远去,心里懊悔,却不见有任何行动。PMA 有助于克服困难,发现自身的力量,有助于人们踏上成功的彼岸。反之,NMA 会在关键时刻散布疑云,使人错失良机。

对此,拿破仑·希尔讲过一个故事。

故事来自美国南方的一个州,过去那里用烧木柴的壁炉来取暖。那儿住着一个樵夫,他给某一户人家供应木柴达两年多之久。这位樵夫知道木柴的直径不能大于 18 厘米,否则就不适合那户人家特殊的壁炉。

但是,有一次,他给这个老主顾送去的木柴大部分都不符合规定的尺寸。

主顾发现这个问题后,就打电话给他,要他调换或者劈开这些不合尺寸的薪柴。

"我不能这样做!"这个樵夫说道,"这样所花费的工价就会比全部柴价还要高。"说完,他就把电话挂了。

这个主顾只好亲自来做劈柴的工作。他卷起袖子,开始劳动。大概在这项工作进行了一半时,他注意到一根非常特别的木头,这根木头有一个很大的节疤,节疤明显地被人凿开又堵塞住了。这是什么人干的呢?他掂了掂这根木头,觉得它很轻,仿佛是空的。他就用斧头把它劈开了,一个发黑的白铁卷掉了出来。他蹲下去,拾起这个白铁卷,把它打开,吃惊地发现里面包着一些很旧的 50 美元和 100 美元两种面额的钞票。他数了数恰好有 2250 美元。很明显,这些钞票藏在这个树节里已有许多年了。这个人唯一的想法是使这些钱回到它的真正的主人那里,于是他抓起电话听筒,又打电话给那个樵夫,问他从哪里砍了这些木头。这位樵夫消极的心态维护着他的排斥力量。

"那是我自己的事。"这个樵夫说,"如果你泄露了你的秘密,别人会欺骗你的。"对方尽管做了多次努力,还是无法获悉这些木头是从哪里砍来的,也不知道是谁把钱藏在树内。

这个故事的要点并不在于讽刺，而在于说明：具有积极心态的人发现了钱，而具有消极心态的人却不能。可见，好运在每一个人的生活中都是存在的，然而，以消极的心态对待生活的人却会阻止好运造福于他。只有具有积极心态的人才会抓住机会，甚至从厄运中获得利益。

NMA 会使希望破灭

看不到将来的希望，就激发不出现在的动力。NMA 会摧毁人们的信心，使希望泯灭。NMA 就像一剂慢性毒药，吃了这副药的人会慢慢变得意志消沉，失去任何动力，则成功就会离保持 NMA 的人越来越远。

有位名人讲过一匹赛马的故事。

约翰·格里尔是一匹著名的良种赛马，它曾经取得过许多次赛马比赛的好成绩。它被认为是 1902 年 7 月的比赛中的种子选手。事实上，它的确是很有希望获胜的，它被精心地照料、训练，并被广告宣传为唯一能击败在任何时候都占优势的赛马"战斗者"。

1902 年 7 月在阿奎德市举行的德维尔奖品赛中，这两匹马终于相遇了。那天是一个极为庄严隆重的日子，万众瞩目着起跑点。当这两匹马沿着跑道并列跑时，人们都清楚"格里尔"是在同"战斗者"做殊死的搏斗。跑了四分之一的路程，它们不分高低，跑了一半的路程，跑了四分之三的路程，它们仍然不分高低。在仅剩八分之一的路程的地方，它们似乎还是齐头并进。

然而就在这时，"格里尔"使劲向前蹿去，跑到了前面。

这时是"战斗者"骑手的危急关头，他在赛马生涯中第一次用皮鞭持续地抽打着坐骑。"战斗者"的反应是这位骑手似乎在放火烧它的尾巴，它就猛冲到前面，同"格里尔"拉开距离，相比之下"格里尔"好像静静地

站在那儿一样。比赛结束时,"战斗者"比"格里尔"领先七个身长。

"格里尔"原是一匹精神昂扬的马,是一匹很有希望的马。仅是这次经历却把它打败了。将它的隐形护身符从 PMA 翻到了 NMA 的一面,从此消极、悲观、一蹶不振。后来它在一切比赛中都只是应付一下,终于没再获胜。

人虽然不是赛马,但是有格里尔精神的人却大有人在,他们也像格里尔一样,在 PMA 的指导下,也曾经有过辉煌的时刻,但是当他们一遇到挫折,则他们的护身符便由 PMA 翻到 NMA 那一面,他们悲观、失望,看不到希望的灯火,从此一败涂地。

持有 NMA 的人,对将来总是感到失望,在他们的眼中,玻璃杯永远不是半满的,而是半空的。

消极心态不仅会产生各种严重后果,而且消极心态还具有传染性。

俗话说,物以类聚,人以群分。聚在一块的人则互相影响,逐渐靠拢而变成一个样。

人们大概注意到结婚多年的夫妇行为逐渐变得一样,甚至连外貌也相似,而心态的同化是最明显不过的。跟消极心态者相处得久了,你就会受他的影响。接触消极心态者就像接触到原子辐射,如果辐射剂量小、时间短,你还能活,但持续辐射就会要命了。

另外,消极心态还限制了人的潜能的发挥。

一个人的行为方式,不可能永远与他的自我评价相脱节,消极心态者不但想到外部世界最坏的一面,而且总想到自己最坏的一面,他们不敢企求,所以往往收获更少,遇到一个新观念,他们的反应往往是:

这是行不通的;

从前没有这么干过;

没有这主意不也过得很好吗?

这风险冒不得;

现在条件还不成熟;

这并非我们的责任。

所罗门国王据说是世界上最明智的统治者。在《圣经》箴言篇第23章第7节中,所罗门说:"他的心怎样思量,他的为人就是怎样。"

换言之,人们相信会有什么结果,就可能有什么结果。人不可能取得他自己并不追求的成就。人不相信他能达到的成就,他便不会去争取。当一个消极心态者对自己不抱很大期望时,他就会给自己取得成功的能力"嘭"的一声封了顶。他成了自己潜能的最大敌人。

综上所述,NMA是失败、颓废、消极的源泉。要想办法遏制这股暗流,不要让你错误的心态,使你成为一个失败者。

影响成功的五种"消极状态"

据说人类大致有54种消极情绪的表现,而其中的任何一种情绪都足以毁坏我们生活中的某一方面,甚至对整个人生历程产生不好的影响。将这种种不好的表现的形成归结为五个原因,即人类的五种"劣根性":

一是缺乏目标。世上没有懒惰的人,只有没有目标的人。世界上最贫穷的人就是没有目标的人,因为连"梦想"都没有,还会拥有什么?

二是害怕失败。当人们在做出一个新的决定时,心态消极的人往往想到曾经遭受过的失败景象,于是忧虑畏缩,裹足不前。

三是害怕被拒绝。害怕遭到耻笑和打击,害怕失去自我信心的恐惧,妨碍了人们开口求助,妨碍了他们的前进。

四是埋怨和责怪。这些人不能正视困难、面对自我,就自然而然选择了一种逃避行为,即把责任归咎于别人。他们对自我的认识和把握不够,总认为自己是受害者,是可怜者。

五是否定现实。这些人面对不如意、不利的情况时,就找借口来逃避,这是一种懦弱、胆怯和无能的表现。

不能成功的五个理由

消极的心态为什么使人不能成功？成功学大师李践认为这里面有五个原因：

一是丧失机会。因为消极心态会散布疑云迷雾，即使出现了机会也会让人看不清抓不到。

二是使希望破灭。因为消极心态会使人的自信心受到摧毁，使希望泯灭。而看不到将来的希望，也就激发不出任何活力。

三是限制了潜能的发挥。人若不相信自己所能达到的成就，他便不会去争取。

四是消耗掉90%的精力。消极的情绪容易恶性循环，变本加厉，使消极者日复一日地在消极的境遇中挣扎。

五是失道寡助。没有人会喜欢消极者，得不到别人（特别是成功者）的支持和帮助，成功即是奢谈。

心灵惜情话

要知道，消极心态像恶魔一样阻碍着你的成功之旅，而消极心态并非"命中注定"，而是"后天养成"的。通过有意识地培养积极心态，我们可以逐步地消除消极心态的影响，加上我们不懈地努力，一定能够到达成功的彼岸。

消极心态与财富相排斥

消极的心态会排斥财富,积极的心态则能吸引财富。

抱着积极的心态不断地努力,就可以取得你要寻找的财富。现在你可以从积极的心态出发,向前迈出你的第一步:这时你也可能受到消极心态的影响,当你距离到达你的目的地只不过一箭之遥时,你却停下来了,那么财富也就擦肩而过。这里有一个很好的例子:

这个故事的主人公叫作奥斯卡。1929年下半年的某一天,他在俄克拉荷马州首府俄克拉荷马城的火车站等候火车准备往东边去。他在气温高达43℃的西部沙漠地区已经待了好几个月,为一个东方的公司勘探石油。

奥斯卡毕业于麻省理工学院。据说他已把旧式探矿杖、电流计、磁力计、波器、电子管和其他仪器结合成勘探石油的新式仪器。

现在奥斯卡得知,他所在的公司因无力偿付债务而破产了。奥斯卡踏上了归途。他失业了,前景相当暗淡。消极的心态开始极大地影响了他。

由于他必须在火车站等待几小时,他就决定在那儿架起他的探矿仪器用以消磨时间。仪器上的读数表明车站底下蕴藏有石油。但奥斯卡不相信这一切,他在盛怒中踢毁了那些仪器。"这里不可能有那么多石油!这里不可能有那么多石油!"他十分反感地反复叫着。

奥斯卡由于失业的挫折,他深受消极心态的影响。他一直寻找的机

会就躺在他的脚下,但是由于消极心态的影响,他不肯承认它,他对自己的创造力失去了信心。

对自己充满信心,是成功的重要原则之一。检验你的信心如何,看看在你最需要的时候是否应用了它。

那天,奥斯卡在俄克拉荷马城火车站登上火车前,把他用以勘探石油的新仪器毁弃了,他也丢掉了一个全美最富饶的石油矿藏地。

不久之后,人们就发现俄克拉荷马城地下埋有石油,甚至可以毫不夸张地说,这座城就浮在石油上。奥斯卡就成了这个原则的活生生的证明:积极的心态能吸引财富,消极的心态会排斥财富。

积极的心态,就是健康心灵的营养,这样的心灵能吸引财富、成功、快乐和健康。消极的心态,却是恶疾心灵的垃圾,这样的心灵,不仅排斥财富、成功、快乐和健康,甚至会夺走生活中已有的一切。

你不可低估消极心态的排斥力量,它能阻止人生的幸运,不让你受益。不要因你的心态而使你成为一个失败者,成功是由那些抱有积极心态的人所取得的,并由那些以积极心态努力不懈的人所保持着。

十大心理障碍

在竞争日趋激烈的今天,青年人积极向上,努力成才。认清自己,调整心态,排除障碍,才能最终立于不败之地。从心理学角度看,现在有不同程度心理障碍的年轻人,大致有以下十种类型:

1. **理想型**:沉浸在理想王国里,眼高手低,不愿脚踏实地地干平凡的工作。这山望着那山高,一件事没有做完,又想到第二件事,不切实际。

2. **自卑型**:自以为事事不如人,受到冷遇更受不了,总觉得自己是一个局外人,郁郁寡欢,自暴自弃。

3. **闭锁型**:有些青年意识到自己的思想情感与别人不同,又不易为别人所理解,因而他们倾向于把自我体验封闭在内心,而不愿向他人表白。

4. **失意型**:失意,是当人的期望不能实现,某种需要得不到满足时所感到沮丧的心理体验。它使有些人会产生不正常的自我评价和期望,将导致个人社会适应的失调。

5. **嫉妒型**:这不但有碍于别人,而且害己。对成长是极为有害的。

6. **唯分型**:考试流于重本本、条文的弊端,牢牢地打下"分数第一"的心理基础。在这种唯分心理支配下,人们只得为"分"而奋力拼搏。

7. **怯懦型**:这种心理的人过于谨慎,小心翼翼,常多虑,犹豫不决,稍有挫折就退缩,不想有所作为。有这种心理的人一般都气质脆弱,无所谓创新、成才。

8. **情绪型**:青年情绪的变化带有两极性,容易动情、喜悦、激动和振奋。同时,也容易悲观、消沉、忧愁和苦闷。对于青年的这种正常心理活动,重要的是在行为过程中加以正确引导,以减少不良影响。

9. **习惯型**:习惯的形成,一是自身养成的,二是传统影响的。由于长期以来形成的节奏缓慢、求稳怕乱、安于现状等保守的心理习惯,于是,就出现了这种妨碍人才成长的不良习惯。

10. **厌倦型**:一旦遇到波折、困难或不顺心的事,都要抱怨他人,感叹自己"怀才不遇",悔恨"明珠暗投",牢骚满腹,对生活失去兴趣,对美好的东西失去追求。这种厌倦心理磨损人的志气,是成才的一个致命伤。

警惕十二种致命心态缺陷

为什么许多才华横溢的人也难逃失败的厄运?

美国哈佛商学院 MBA 生涯发展中心主任詹姆士·华德普与提摩西·巴特勒博士,归纳出以下有缺陷的职场心理行为模式。

每个人在职场中或多或少都有这样的模式,所以在迈向成功之前,不管是高级主管还是基层员工,都需要时时检视自己。

1.逃避、悲观、压抑

这种人虽然聪明、历练,但是一旦被提拔,反而毫无自信,觉得自己不能胜任。他们的核心信念是"我不够好",尤其是出现挫折和挑战的时候,他们这种自我破坏与自我限制的负面想法占了上风。结果他们会觉得自己失去了职业生涯的方向。"我走的路到底对不对?"觉得自己的角色可有可无,跟不上别人,也没有归属感。

2.非黑即白、机械

这种人眼中的世界非黑即白。他们相信,一切事物都应该像有标准答案的考试一样,客观地评定优劣。他们总是觉得自己在捍卫信念、坚持原则。但是,这些原则,别人可能完全不以为意。结果,这种人总是孤军奋战,常打败仗。

这些人通常都是好人,没有心机,直来直去,不分场合说话,甚至因为管不住自己的嘴巴,断送了事业前程。

3.无止境地追求卓越

这种人要求自己是英雄,也严格要求别人达到他的水准。在工作上,他们要求自己与部属"更多、更快、更好"。结果,部属被拖得精疲力竭,纷纷"跳船求生",留下来的人则更累。结果离职率节节升高,造成企业的负担。这种人适合独立工作,如果当主管,必须雇用一位专门人员,当他对部属要求太多时,大胆不讳地提醒他。

4.无条件地回避冲突

这种人一般会不惜一切代价避免冲突。其实,不同意见与冲突,反而可以激发活力与创造力。

一位本来应当为部属据理力争的主管,为了回避冲突,被部属或其他部门看扁;为了维持和平,他们压抑感情。结果,他们严重缺乏面对冲突、解决冲突的能力。到最后,这种解决冲突的无能,蔓延到婚姻、子女、手足与友情关系。

5. 强横压制反对者

他们言行强硬，毫不留情，就像一台推土机，凡阻挡去路者，一律铲平。因为横冲直撞，攻击性过强，不懂得绕道的技巧，结果可能断送自己的职业生涯。

6. 天生喜欢引人侧目

这种人为了某种理想而奋斗不懈。在稳定的社会或企业中，他们总是很快表明立场，觉得妥协就是屈辱，如果没有人注意他，他们会变本加厉，直到有人注意为止。

7. 狂妄、完美主义、急于成功

他们不切实际，找工作时，不是龙头企业则免谈，否则就自立门户。进入大企业工作，他们大多自告奋勇，要求负责超过自己能力的工作。结果任务未达成，仍不会停止挥棒，反而想用更高的功绩来弥补之前的承诺，结果成了常败将军。这种人也喜欢出风头，在稳定的社会或企业中，他们总是很快表明立场，生怕没有人注意他。其实是为了掩盖内心的虚弱。

8. 被困难"绳捆索绑"

他们是典型的悲观论者，喜欢杞人忧天。采取行动之前，他会想象一切负面的结果，感到焦虑不安。这种人担任主管，会遇事拖延，按兵不动。因为太在意羞愧感，甚至担心部属会出状况，让他难堪。这种人必须训练自己，在考虑任何事情时，必须控制心中的恐惧，让自己变得更有行动力。

9. 疏于换位思考

这种人完全不了解人性，很难了解恐惧、爱、愤怒、贪婪及怜悯等情绪。他们在通电话时，通常连招呼都不打，直接切入正题，缺乏将心比心的能力，他们想把情绪因素排除在决策过程之外。这种人必须为自己做一次"情绪稽查"，了解自己对哪些感觉较敏感。问朋友或同事，是否发现你忽略了别人的感受，搜集自己行为模式的实际案例，重新演练整个情景，改变行为。

10. 不懂装懂

工作中那种不懂装懂的人，喜欢说："这些工作真无聊。"但他们内心

的真正感觉是："我做不好任何工作。"他们希望年纪轻轻就功成名就，但是他们又不喜欢学习、求助或征询意见，因为这样会被人以为他们"不胜任"，所以他们只好不懂装懂。而且，他们要求完美却又严重拖延，导致工作严重瘫痪。

11. 管不住嘴巴

有的人往往不知道，有些话题可以公开交谈，而有些内容只能私下说。这些人通常都是好人，没有心机，但在讲究组织层级的企业，这种管不住嘴巴的人，只会断送职业生涯。他们必须随时为自己竖立警告标识，提醒自己什么可以说，什么不能说。

12. 我的路到底对不对

这种人总是觉得自己失去了职业生涯的方向。"我走的路到底对不对？"他们总是这样怀疑。他们觉得自己的角色可有可无。跟不上别人，也没有归属感。

华德普与巴特勒认为：每个人或多或少都具备上述十二种行为模式的影子，在迈向成功之路时，不论主管或基层员工，都有必要时时审视自己。

不要扩大事态：如果你做一桩生意失败了，不要说："所有生意都难做，还是收山好了。"你要对自己说："这一桩生意失败了。我学到了些什么呢？我下一次应该怎样才能避免犯同样的错误呢？"

心灵悄悄话

只有你能把握自己的心态：对于有那些积极心态的人来说，每一种逆境都隐含着一种等量或更大的利益种子，有时你虽然身处逆境，说不定其中正隐藏着良机。不要因为没有成功就责备他人，埋怨他人。把你的心放在你所想要的东西上，使你的心远离你所不想要的东西。

消极心态十二种

对于许多人来说,要想将心态从消极转向积极并不是一件容易的事情。因为要想完成这个转变,就必须先认识在心中经常出没的那些消极的思想和情感。诚如古人说的那样:"缠脱只在自心,心了则屠肆糟尘,居然净土。不然,纵一琴一鹤,一花一竹,嗜好更清,魔障终在。"(洪应明:《菜根谭·器识》之八)消极者必须了解,人生福境祸区,皆人心所构造,一味地追求无为而治,到头来只能给自己平添更多的烦恼。虽然不能太累,但也绝不能由于存有消极的态度而失去做人的意志。下面是同消极相伴的十二种心态:

(1).悲观绝望的心态。悲观厌世的人是没有希望的人。当人悲观厌世的时候,他会陷入深深的痛苦之中,完全忘记往日的所有欢乐。他甚至不相信自己的心情有朝一日能够好转起来。在他看来,他的任何努力都是无济于事的。因为他绝对相信自己的动机匮乏和压抑感的存在是无穷无尽和难以改变的。从这个角度讲,要求他去做一些对自己有益的事情就好像告诉一位奄奄一息的垂死者应该欢呼雀跃那样荒唐可笑。悲观绝望的心态导致一个人放弃了所有的尝试。因为他已经事先预见到自己尝试的最终后果。这种心态的典型思维方式是:既然谁都免不了一死,那么就让我放弃所有的努力吧!

(2).孤立无援的心态。由于他确信自己的心情是由一些自己无法控制的因素所造成,诸如命运、人体激素周期、饮食习惯、机遇以及别人对自己的评价等,因此,他可能根本不想去做对自己有益的任何事情。他感到自己的任何努力都是徒劳的,感到自己处于一种孤立无援状态。自己

只能任由外力的摆布,只能消极地认命,或自认倒霉。这种心态的典型思想是:既然我的主观努力是微不足道的,既然做和不做的结局是一样的,我又何必自讨苦吃呢。既然我的境况无法得到根本的改变,那么,我的心情也无法得到根本的改变。

(3).自暴自弃的心态。人因小看自己而无所事事,主要的表现为,把工作的难度夸大到无法承担的地步。忙这忙那,办事茫无头绪,把一些目前不必做的事情胡乱地掺杂到手头工作中去,使得这项工作半途而废。

(4).自我诅咒的心态。人越拖拉,越会把自己看作是一个弱者。自我诅咒进一步减弱了他的自信心。存有消极思想的人往往过低估计了自己的价值和能力,当他认为自己是"办事拖拉者"或"懒惰者"时,问题就更加严重。他由此相信自己是一个真正的无能之辈,自动地放弃了对自己行动的要求,既然一切努力都是白费的,那么还不如放弃任何努力来得好。

(5).得不偿失的心态。当一个人悲观厌世的时候,他会退出任何有意义的活动,其原因不仅在于他过高估计了工作的难度,而且还在于他过低估计了工作的回报。他觉得报酬太低,不值得去努力。低估报酬的人很难感受到成就感带来的快乐。消极的思想让他尽管参与了某项工作,但是体验不到那项工作给人带来的满足和快乐。吹毛求疵的心态就以不妥当的目标和标准来要求自己和他人,使自己或他人陷入难堪境地的一种消极心态。不论做什么事情,他都想要做到尽善尽美,想要达到无可挑剔的程度,结果往往画蛇添足、弄巧成拙,到头来是竹篮打水一场空。

(6).消极抵抗的心态。当遇到挫折或不如意的事情时,存有消极思想者往往不敢直接而坦率地表达他们的情感。由于他断定生气总是不好的,他千方百计地回避正面的冲突,千方百计地压抑自己的消极情绪,结果他的真实心情往往以一种扭曲的形式被表达出来。由于他没有明确地表示自己的内心感受,别人得费很大的力气去揣摩他的真实意图,这种含糊其词或拐弯抹角的表达方式,往往让人摸不着头脑,看起来他似乎是以不变应万变,实际上他既阻碍了有效的沟通,也错过了最佳的时机。

消极抵抗的心态只会导致对方的更加不满。这种心态经常表现在如下事例中：

◆由于你对某位领导的不满，你会经常地在开会时姗姗来迟；

◆由于你对刚认识不久的男友有点不满意，你会无意中说出些颠三倒四的话来；

◆由于对某人心存懊恼，你会有意地忘记从他那儿借来的一些东西；

◆别人有事请你帮忙，虽然感到自己无能为力，实在帮不上忙，但是你又不想让对方失望，于是你以一番含糊其词的话语来搪塞；

◆由于对妻子的唠叨很不满意，你总是不想在下班后早一点回家，有时甚至在外面晃荡到很迟才回家；

◆在某个周末，有人真心诚意地邀请你去参加某项活动，你真的不想参加。但是你找了一大堆理由去解释自己之所以不能参加的原因，而唯独忘了向对方坦诚地说明自己的真正想法。结果，过了一段时间之后，被误解的对方仍然会向你发出邀请。这种消极的应对只会把双方都搞得精疲力竭。

如果以消极对抗的心态去应对各种事情，那么绝不会产生积极的结果。消极对抗是一种以静制动的心态，以不变应万变，但是掩盖了你真正的问题，也掩盖了自己的真实情感。你让所有的人都拿你没有办法，但是自己并不会因此而过上一种有效的或高质量的生活。

（7）.曲意逢迎的心态。曲意逢迎是消极抵抗的对立面。表面上看来，做事八面玲珑，左右逢源，有着广泛的人际交往能力。但是实际上，由于缺乏主见，对别人有求必应，给人留下了一个几乎是无所不能的"万事通"的印象。答应去做实际上你做不了的事情或不想做的事情，结果那件事情要么有头无尾，要么半途而废。曲意逢迎的心态具体地表现在以下几点上：

◆你委曲求全，以为自己应该满足每一个人的要求；

◆你出于好意接受了别人的无理要求；

◆你非常看重别人对你的评价，把它看作是自己自尊的基础；

◆你为别人而活着,尽管你活得很累,但是你也无可奈何;

◆你害怕受到别人的批评和非议;

◆你对别人有求必应,不敢在别人面前说一个"不"字;

◆唯恐得罪了对方;

◆你喜欢打肿脸充胖子,过分夸大了自己的办事能力。

给人承诺容易,但是要想兑现那个承诺却很难。如果答应了别人的要求,而实际上又没有能力满足别人的要求,那么到头来,想要帮助的那件事情只能一拖再拖,最终不了了之,而你也会因此而给人留下极差的印象。

当然,我们仍然提倡做人应该助人为乐。有时,出于助人为乐,我们每个人都得做一些我们本不愿意做的事情。因为实际上,谁也做不到对别人有求必应。我们强调,助人为乐既要自觉自愿,更要量力而行。否则你不但做不到真诚地对待别人,坦率地向别人表露你的感受,而且你的轻率从事,反而会吃力不讨好,好心办成了坏事。

(8).阳奉阴违的心态。这种心态既不同于消极抵抗的心态,又不同于曲意逢迎的心态,而是把这两种心态巧妙地结合了起来。曲意逢迎是一种只怕把事情搞糟了的心态,而阳奉阴违是偏偏要把好事也要办成坏事,是一种成事不足而败事有余的心态,是一种极其恶劣的心态。对于某件事情,你在表面上答应得好好的。但实际上却从来没有认真地给予考虑过。由于你感到别人太盛气凌人,向你提出了一些不合理的要求,因此你偏偏要同他过不去,把某些事情耽搁下来,看他能把你怎么办。你以阳奉阴违的态度来报复他们的无理要求,当别人被你的举动激怒了之后,你会采取更加强硬的措施。因此,具有这种心态的人很难赢得别人的信任。由于无法进行真正的合作,它往往导致人与人之间的激烈冲突。

(9).担心失败的心态。还有一种使人陷入无动于衷的心态是担心失败。假如一个人几经拼搏而终无所成,那么这将给他的人生带来巨大打击。一想起往事,他就会放弃任何努力。他的推理是这样的:"如果我这一次失败了,那么我在任何事情上都将失败。"显然这是不可能的。一

事无成的人是没有的,每个人都可能品尝胜利和失败的滋味。失败给人以痛苦,胜利给人以甜蜜。但是,一项工作的失败或胜利不是对人生的最后审判。纵使他失败了,那失败的痛苦滋味也不会延续到永远。具有这种心态的人在评估成绩时,忽视个人努力,只以成败论英雄。他只考虑一个人的终极价值,而无视他的过程价值。害怕成功的心态由于缺乏自信心,成功比失败更加危险,因为你断定成功是侥幸取得的,你认为自己无力保持成功。由于成功,别人对你产生了各种期望。但是后来,在你不过是个失败者这个可怕的真相最终被揭穿以后,绝望、痛苦和被世人抛弃的感觉将折磨着你,使你更加难以忍受。既然你相信自己会从悬崖绝壁跌入万丈深渊,那么还不如明智地不去攀登来得安全些。一个人之所以会产生害怕成功的心理还有一个原因,由于成功,人们对你提出了更高的要求,由于你相信自己必须但又不能满足他们的期望,而成功把你推向了一个险恶而又无能为力的境地,所以你试图以不变应万变,回避任何责任和困难,以保持自身的安全。

(10).知难而退的心态。具有这种心态的人原来以为自己应该轻而易举地解决某个具体的问题,达到预期的目标。但是好事多磨,当生活在他面前设置了重重困难的时候,他便惊慌失措,或落荒而逃,或大发雷霆。他没有耐心再坚持一会儿,而是大肆报复尘世加给他的诸多"不公"。到头来他便失去了一切而变得一无所有。因此,在做某项工作时,他总是一遇到困难就打起了退堂鼓,在工作中经不起一点点挫折。做事没有耐心,没有毅力,有头无尾,有始无终。他自己没有多少主见,自己的心情完全受制于外界的评价,一旦他取得某个消极的评价,他便放弃了以前的所有努力。

(11).害怕批评的心态。每一个尝试新事物的人都可能犯错误,犯了错误就会受到来自各方面的强烈批评和反对。人无完人,如果你犯了错误,那些关心你的人就会来批评你,那些本来就对你不满的人就会趁机反对你。因此,为了避免因犯错误而被人抛弃的风险,你尽量保持一种低姿态以保全自己。没有尝试,当然不会有错误和失败。但是,没有尝试,

将更不会有创造和成功。

（12）. 不拨不动的心态。具有这种心态的人做任何一件事情都需要付出巨大的努力。他做每一件事情都是不得已而为之。由于缺乏动力，工作和生活成了一个沉重的负担。他做每一件事情都感到不自在、勉强、劳累和紧张。由于工作毫无乐趣可言，他一边工作，一边抱怨，过着一种茫无目的的生活。每件事情都让他感到不愉快，但是他又无力摆脱这一窘境。于是他在待人接物上或犹豫不决，或优柔寡断。由于做事缺乏动力，注定了他的努力或事倍功半，或好事多磨。而一旦自觉不如意的时候，他便产生深深的自责，认为自己是一个懒惰成性、游手好闲、一无是处的家伙。

心灵悄悄话

看了以上列举的种种消极心态，现在你也许会说："我已经知道虚静无为是一种不合理、不现实的生活方式。它确实格格不入于丰富多彩的外部世界。像作茧自缚一样，它使我日益把自己封闭起来，它对我的身心健康没有任何好处，我也确实看到了在自己身上存在着一些有害的思想倾向和心态。我想把它们清除出去。"

解读心浮气躁

　　一个时期以来,中国社会一些企业、一些人有些浮躁,总想一夜暴富。特别是一些刚走出校门的大学生,很着急,急于把花掉的学费尽快挣回来,急于孝敬父母,急于找女朋友,急于结婚、买房、买车,急于出国旅行,周游世界,急于当 SOHO 一族。但是这一切都需要钱,因此他们总是急于发大财,没有耐心老老实实地做好一件事情,干好一份工作。

　　一些"有志于"投身娱乐界、文化艺术界、学术界、咨询策划界等的年轻人,则急于炒作成名,梦想一炮走红,一步登天,迅速成名成家。于是,中学还没毕业的"少年作家""少女作家",刚刚考上大学的"哈佛女孩",以貌取人的"美女作家""美男作家""美女编辑"等层出不穷,名人官司此起彼伏,吆喝声、叫卖声、吵架声甚嚣尘上。急功近利,沉不下心来踏踏实实地苦读寒窗,苦练内功,积蓄力量。

　　这些,都是因为浮躁。

　　什么是浮躁? 浮躁就是心浮气躁,是成功、幸福和快乐最大的敌人。浮躁深植在我们心灵的最深处,我们的人生因浮躁而虚浮乃至肤浅、平庸。

　　我们常常心不在焉,我们常常坐卧不宁,我们常常没有耐心做完一件事,我们常常计较自己的得失,我们常常感到身心疲惫,我们常常急于成功……我们到底是怎么了? 原因很简单——我们太浮躁了。

　　浮躁常常表现为:心浮气躁,朝三暮四,浅尝辄止;自寻烦恼,喜怒无常;焦虑不安,患得患失;东一榔头西一棒槌,既要鱼也要熊掌;这山望着那山高,静不下心来,耐不住寂寞,稍不如意就轻易放弃,从来不肯为一件

事倾尽全力……比如看书，书在眼前像梦境一样凌乱难懂，最后强迫自己看下去，意识也只是在字面上一掠而过，什么也没记住，心思根本不在书上。也就是说，只是具备了一个看书的姿态和形式，实际效果其实等于零。浮躁往往会使你烦躁难耐，任何事情都会让你大动干戈。好事来了，往往会兴奋得难以自制，甚至得意忘形。但如果有坏事光临，便会立刻坠入痛苦的万丈深渊，痛不欲生，仿佛世界末日来临一样。

是什么使我们的学习或工作计划一再搁置？是什么使我们的远大理想化为泡影？是什么使我们的生活杂乱无章？是意识和行为的不能自制。而导致意识和行为不能自制的正是浮躁。被浮躁控制的直接后果便是一事无成。从更深层次去看，浮躁已默默地、不知不觉而又实实在在地支配着我们的行动，渗透在交友、恋爱、婚姻、工作、事业之中。

做学问也好，办企业也罢，都来不得半点浮躁。一个人浮躁，结果是个人受损；一个企业浮躁，结果是企业破产。只有静下心来踏踏实实做事，才不会被浮躁所左右。针对浮躁而言，"平平淡淡才是真"不失为一句金玉良言。其实，能够影响我们的不是事物本身，而是我们对待事物的态度。我们对待事物的正确态度应该是：平和沉静，脚踏实地；不以物喜，不以己悲。

我们所处的世界——车水马龙、霓虹闪烁、香车美女、别墅洋楼、鱼翅燕窝、鲍鱼熊掌……在这样一个充满诱惑的时代，面对这一切，人们便不由自主地浮躁起来。似乎我们什么都想得到，似乎这些在我们心中是最美的。但我们的心灵呢？我们应该让它安静下来，还它美丽。

我们不妨来看看下面这个故事。

三伏天，禅院的草地枯黄了一大片。"快撒些草籽吧，好难看啊！"徒弟说。"等天凉了，"师父挥挥手，"随时。"

中秋，师父买了一大包草籽，叫徒弟去播种。秋风突起，草籽飘舞。"不好，许多草籽被吹飞了。"小和尚喊。"没关系，吹去者多半中空，落下来也不会发芽，"师父说，"随性。"

撒完草籽，几只小鸟即来啄食，小和尚又急了。"没关系，草籽本来

就多准备了,吃不完,"师父继续翻着经书,"随遇。"

半夜一场大雨,徒弟冲进禅房:"这下完了,草籽被冲走了。""冲到哪儿,就在哪儿发芽,"师父正在打坐,眼皮抬都没抬,"随缘。"

半个多月过去了,光秃秃的禅院长出青苗,一些未播种的院角也泛出绿意,徒弟高兴得直拍手。师父站在禅房前,点点头:"随喜。"

心灵悄悄话

在这个故事中,徒弟的心态是浮躁的,常常为事物的表面所左右,而师父的平常心看似随意,其实却是洞察了世间玄机后的豁然开朗。

浮躁是人生最大的敌人,无论你要获取幸福快乐,还是要获取成功,你都必须要拭去心灵深处的浮躁。

骄傲自满

先让我们来看一个故事。

有一颗与众不同的树种,被选了出来,要种在一片荒漠的土地上。

"一颗多么优秀的树种啊,你应该为此感到骄傲。"人们赞美道。

"是的,我有资格骄傲!"树种大声地说。

树种发芽了,它长势十分良好,隆冬酷暑、狂风暴雨,都不能摧毁它。

"多么坚强的一棵小树啊,你应该为你自己骄傲。"人们赞美道。

"是的,我很骄傲!"小树大声地说。

小树长大了,它枝繁叶茂,高耸云端。

"多么高大的一棵树啊,你应该为此骄傲。"人们赞美道。

"我已经是一棵最大的大树了,我非常骄傲!"大树高声地喊道。

可就在此时,一个霹雷打过,将这棵大树劈成了两半。

我们再来看一个真实的事例。

孔子带着学生到鲁桓公的祠庙里参观的时候,看到了一个可用来装水的器皿,形体倾斜地放在祠庙里。在那时候把这种倾斜的器皿叫欹器。

孔子便向守庙的人问道:"请告诉我,这是什么器皿呢?"守庙的人告诉他:"这是欹器,是放在座位右边,用来警诫自己,如'座右铭'一般用来伴坐的器皿。"孔子说:"我听说这种用来装水的伴坐的器皿,在没有装水或装水少时就会歪倒;水装得适中,不多不少的时候就会是端正的;里面

的水装得过多或装满了,它也会翻倒。"说着,孔子回过头来对他的学生们说:"你们往里面倒水试试看吧!"学生们听后舀来了水,一个个慢慢地向这个可用来装水的器皿里灌水。果然,当水装得适中的时候,这个器皿就端端正正的。不一会儿,水灌满了,它就翻倒了,里面的水流了出来。再过了一会儿,器皿里的水流尽了,就倾斜了,又像原来一样歪斜在那里。

这时候,孔子便长长地叹了一口气说道:"唉!世上哪里会有太满而不倾覆翻倒的事物啊!"

心灵悄悄话

骄傲自满是浮躁的一个重要表现形式,骄傲自满是要不得的,它会导致盲目自信,甚至不思进取。凡是骄傲自满的人没有不失败的,所以,我们要谦虚谨慎、戒骄戒躁。上面故事的寓意是借用敧器装满水就倾覆翻倒的现象来说明骄傲自满往往向它的对立面——空虚转化。从而告诉人们要谦虚谨慎,不要骄傲自满,凡骄傲自满的人,没有不失败的。

第一篇 消极心态是入迷的天敌

清除心灵深处的浮躁

　　国外一家报纸曾举办一次有奖征答,题目是:"在这个世界上谁最快乐?"从数以万计的答案中评选出的四个最佳答案是:

　　作品刚完成,自己吹着口哨欣赏的艺术家;

　　正在筑沙堡的儿童;

　　忙碌了一天,为婴儿洗澡的妈妈;

　　千辛万苦开刀之后,终于救了危急患者生命的医生。

　　看来,工作着的人是最快乐的。确切地说应该是:正从事自己喜爱工作的人是最快乐的。而从另一个角度来说,不快乐的人,往往是生活中没有自己喜爱的事可做的人。

　　我们常常认为只要准时上班,按点工作,不迟到,不早退就是完成工作了,就可以心安理得地去领所谓的工资了。可是,我们没有想到,我们固然是踩着时间的尾巴上下班的,可是,我们的工作很可能是死气沉沉的、被动的。其实,工作就是工作,它永远不可能像休闲度假一样充满了新奇和喜悦,关键是你如何在其中寻找并创造乐趣。

　　《让你终身受益的成功经验》中介绍了一条看似平凡实则不凡的成功经验:变厌倦为快乐。书中举例说。刚做旋车工的萨姆尔·沃克莱日复一日的工作就是旋螺丝钉,看着那一大堆等待他去旋车的螺丝钉,萨姆尔·沃克莱满腹牢骚,心想自己干什么不好,为什么偏偏来旋螺丝钉呢?他想过找老板调换工作,甚至想过辞职,但都行不通,最后想能不能找到一个积极的办法,使单调乏味的工作变得有趣起来。于是,他和工友商量开展比赛,看谁做得快。工友和他颇有同感。这个办法果然有效,他们工作起来再也不像以前那样乏味了,而且效率也大为提高。不久,他们就被提拔到新的工作岗位。后来,沃克莱成了著名的鲍耳文火车制造厂的厂长。

工作在现代人生活中的分量越来越重,甚至成为评量成功的重要标准。不管你为哪家公司、哪个组织工作,最好的方法就是把工作当成自己的一种乐趣。在今天,享受工作乐趣的方法很多。科学家、运动员、艺术家、音乐家或演员都是以工作为乐的。如果要以工作为乐,在工作中最好的方法就是将它视为一种终生的成长历程。很多人都在几个不同公司做过不同的工作,而世界各国的年轻人,也都有过跳槽的经验。换句话说,工程师可能变成企业家,音乐家可能变成数学老师或业务员,而护士也可能变成科学家。

重点是要找出什么是你喜欢而且擅长做的,并且将你的热情与事业结合在一起。你最好找到一个能够发挥潜力、激励自己的工作。从长远来看,做你喜爱的工作,将能为你赚更多的钱。

干好工作首先要热爱工作,而热爱的前提之一,就是找到工作的乐趣。之所以提倡寻找工作中的乐趣,主要是有些人感觉不到工作的乐趣,甚至仅仅看到了工作的难度与压力、艰辛与枯燥。善待工作,热爱工作,我们才能变得轻松,变得从容,变得愉快,进而有所成就。

心灵悄悄话

不要把工作看成一种谋生手段,而应该把工作当成一种乐趣,这样你才能为工作投入,甚至会为它痴迷,这时所有的困难都会变得轻松起来,因为工作已经成为一种快乐和享受。

第二篇

树立自信心才能入迷

有一个故事叫作"杞人忧天",其实担心天掉下来的心理是毫无道理的。可见,忧虑真的是会使人丧失理智呢。忧虑心理是人生、事业成功的绊脚石,如果成天愁眉不展,担心这,担心那,那么,你就会养成优柔寡断的毛病,眼看成功的机会白白地从你指尖溜走,到最后,空悲切,白了少年头。

在闲暇时间,你要努力接近乐观的人,观察他们的行为。通过观察,你能培养起乐观的态度,乐观的火种就会慢慢地在你内心点燃。你永远要记住,忧虑不是天生的。

信心的力量

信心不仅能使一个白手起家的人成为巨富,也会使一个演员在风云变幻的政坛上大获成功,美国第四十届总统罗纳德·里根就是有幸掌握这个诀窍的人物。

里根是一个演员,却立志要当总统。

从 22 岁到 54 岁,罗纳德·里根从电台体育播音员到好莱坞电影明星,整个青年到中年的岁月都陷在文艺圈内,对于从政完全是陌生的,更没有什么经验可谈。这一现实,几乎成为里根涉足政坛的一大"拦路虎"。然而,当机会来临,共和党内一部分人和保守派及一些富豪们竭力怂恿里根竞选加州州长时,他毅然决定放弃大半辈子赖以为生的影视职业,决心开辟人生的新领域。

当然,信心毕竟只是一种自我激励的精神力量,若离开了自己所具有的条件,信心也就失去了依托,难以变希望为现实。大凡想有所作为的人,都须脚踏实地,从自己的脚下踏出一条远行的路来。正如里根要改变自己的生活道路,并非突发奇想,而是与他的知识、能力、经历、胆识分不开的。有两件事树立了里根角逐政界的信心。

一是他受聘通用电气公司的电视节目主持人。为办好这个遍布全美各地的大型联合企业的电视节目,通过电视宣传,改变普遍存在的生产情绪低落的状况,里根不得不用心良苦,花大量时间巡回在各个分厂,同工人和管理人员广泛接触。这使得他有大量机会认识社会各界人士,全面了解社会的政治、经济情况。人们什么话都对他说,从工厂生产、职工收入、社会福利到政府与企业的关系、税收政策等。

里根把这些话题吸收消化后，并通过节目主持人身份反映出来，立刻引起了强烈的共鸣。为此，该公司一位董事长曾意味深长地对里根说："认真总结一下这方面的经验体会，为自己立下几条哲理，然后身体力行地去做，将来必有收获。"这番话无疑为里根产生弃影从政的信念埋下了种子。

另一件事发生在他加入共和党后，为帮助保守派头目竞选议员，募集资金，他利用演员身份在电视上发表了一篇题为"可供选择的时代"的演讲。

因其出色的表演才能，大获成功，演说后立即募集了100万美元，以后又陆续收到不少捐款，总数达600万美元。《纽约时报》称之为美国竞选史上筹款最多的一篇演说。里根一夜之间成为共和党保守派心目中的代言人，引起了操纵政坛的幕后人物的注意。

这时候传来更令人振奋的消息，里根在好莱坞的好友乔治·墨菲，这个地道的电影明星，与担任过肯尼迪和约翰逊总统新闻秘书的老牌政治家塞林格竞选加州议员。在政治实力悬殊巨大的情况下，乔治·墨菲凭着38年的舞台银幕经验，唤起了早已熟悉他形象的老观众们的巨大热情，意外地大获全胜。原来，演员的经历，不但不是从政的障碍，而且如果运用得当，还会为争夺选票赢得民众发挥作用。里根发现了这一秘密，便首先从塑造形象上下功夫，充分利用自己的优势——五官端正，轮廓分明的好莱坞"典型的美男子"的风度和魅力，还邀约了一批著名的大影星、歌星、画家等艺术名流出来助阵，使共和党竞选活动别开生面，大放异彩，吸引了众多观众。

然而这一切在里根的对手、多年来一直连任加州州长的老政治家布朗的眼中，却只不过是"二流戏子"的滑稽表演。他认为无论里根的外部形象怎样光辉，其政治形象毕竟还只是一个稚嫩的婴儿。于是他抓住这点，以毫无政治工作经验为由进行攻击。殊不知里根却顺水推舟，干脆扮演一个纯朴无华、诚实热心的"平民政治家"。里根固然没有从政的经历，但有从政经历的布朗恰恰才有更多的失误，给人留下把柄，让里根得以辉煌。

二者形象对照是如此鲜明,里根再一次越过了障碍。帮助他越过障碍的正是障碍本身——没有政治资本就是一笔最大的资本。因而,每个人一生的经历都是最宝贵的财富。不同的是,有的人只将经历视为实现未来目标的障碍,有的人则利用经历作为实现目标的法宝,里根无疑属于后者。

就在里根如愿以偿当上州长问鼎白宫之时,曾与竞争对手卡特举行过长达几十分钟的电视辩论。面对摄像机,里根发挥出淋漓尽致的表演效果,时而微笑,时而妙语连珠,在亿万选民面前完全凭着当演员的本领,占尽上风。

相比之下,从政时间虽长,但缺少表演经历的卡特却显得相形见绌。

成功者大都有"碰壁"的经历,但坚定的信心使他们能通过搜寻薄弱环节和隐藏着的"门",或通过总结教训而更有效地谋取成功。

有人说那是里根红运高照,其实,里根的红运通常都是他信心坚定的结果。

在他担任美国总统期间,也无疑显示了一个权力爱好者的品格,他曾下令出兵格林纳达,并空袭利比亚。但这个具有西部牛仔性格的一代君王,并非一个缺乏自制的权力瘾君子,他明白"共存共荣"的重要性,并坚信防御能力,因而提出了战略防御计划。当时的苏联领导人戈尔巴乔夫,在雷克雅卫克高峰会议上提出了武器裁减计划,试图使里根放弃战略防御构想。若里根反对,就显得他对和平毫无诚意。里根素来在谈判桌上表现得很有风度,他强抑怒火,退出了谈判。但他并未退缩,继续与苏联人周旋,利用苏联不断坏死的经济迫使对方让步。最后,戈尔巴乔夫屈服了,签订了有史以来第一次核裁军条约。

通过里根的经历,我们可以感觉到:信心的力量在成功者的足迹中起着决定性的作用,要想事业有成,就必须拥有无坚不摧的信心。

信心对于立志成功者具有重要意义。有人说:成功的欲望是创造和拥有财富的源泉。人一旦拥有了这一欲望并经自我暗示和潜意识的激发

后形成一种信心,这种信心便会转化为一种"积极的感情"。它能够激发潜意识释放出无穷的热情、精力和智慧,进而帮助其获得巨大的财富与事业上的成就。

在每一个成功者或巨富的背后,都有一股巨大的力量——信心在支持和推动着他们不断向自己的目标迈进。所以,拿破仑·希尔可以肯定地说:

信心是生命和力量。

信心是奇迹。

信心是创立事业之本。

不计辛劳,勇往直前,定让你的人生大放异彩。

心灵悄悄话

所以,有人把"信心"比喻为"一个人心理建筑的工程师"。在现实生活中,信心一旦与思考结合,就能激发潜意识来激励人们表现出无限的智慧和力量,使每个人的欲望所求转化为物质、金钱、事业等方面的有形价值。

海伦·凯勒的信念

信心的力量惊人,它可以改变恶劣的现状,造成令人难以相信的圆满结局。

充满信心的人永远击不倒,他们是人生的胜利者。

信心是"不可能"这一毒素的解药。

拿破仑·希尔曾说:"有方向感的信心,可令我们每一个意念都充满力量。当你有强大的自信心去推动你的成功车轮,你就可平步青云,无止境地攀上成功之岭。"

克服了眼不能看、耳不能听、嘴不能说三重痛苦,终生致力于社会福利事业,被称为"奇迹人"的海伦·凯勒成功的一生,无疑是这句话的最好印证。

海伦刚出生时,是个正常的婴孩,能看、能听,也会牙牙学语。可是,一场疾病使她变成又瞎又聋的人,那时她才 19 个月大。

生理的剧变,令小海伦性情大变。稍不顺心,她便会乱敲乱打,野蛮地用双手抓食物塞入口里;若试图去纠正她,她就会在地上打滚乱嚷乱叫,简直是个十恶不赦的"小暴君"。父母在绝望之余,只好将她送至波士顿的一所盲人学校,特别聘请一位老师照顾她。

所幸的是,小海伦在黑暗的悲剧中遇到了一位伟大的光明天使——安妮·沙莉文女士。沙莉文也是位有着不幸经历的女性。她 10 岁时,和弟弟两人一起被送进麻省孤儿院,在孤儿院的悲惨生活中长大。由于房间紧缺,幼小的姐弟俩只好住进放置尸体的太平间。在卫生条件极差又贫困的环境中,幼小的弟弟 6 个月后就夭折了。她也在 14 岁时得了眼

疾,几乎失明。后来,她被送到帕金斯盲人学校学习凸字和指语法,便做了海伦的家庭教师。

从此,沙莉文女士与这个蒙受三重痛苦的姑娘的斗争就开始了。洗脸、梳头、用刀叉吃饭都必须一边和她格斗一边教她。固执己见的海伦以哭喊、怪叫等方式全身反抗着严格的教育。然而最终沙莉文女士究竟如何以一个月的时间就和生活在完全黑暗、绝对沉默世界里的海伦沟通的呢?

答案是这样的:自我成功与重塑命运的工具是相同的信心与爱心。

关于这件事,在海伦·凯勒所著的《我的一生》一书中,有感人肺腑的深刻描写:一位年轻的复明者,没有多少"教学经验",将无比的爱心与惊人的信心,灌注入一位全聋全哑双目失明的小女孩身上,先通过潜意识的沟通,靠着身体的接触,为她们的心灵搭起一座桥。接着,自信与自爱在小海伦的心里产生,使她从痛苦的孤独地狱中拯救出来,通过自我奋发,将潜意识那无限能量发挥,步向光明。

就是如此,两人手携手,心连心,用爱心和信心作为"药方",经过一段不足为外人道的挣扎,唤醒了海伦那沉睡的意识力量。一个既聋又哑且盲的少女,初次领悟到语言的喜悦时,那种令人感动的情景,实在难用笔述。

海伦曾写道:"在我初次领悟到语言存在的那天晚上,我躺在床上,兴奋不已,那是我第一次希望天亮。我想再没其他人可以感觉到我当时的喜悦吧。"

仍然是失明,仍然是聋哑的海伦,凭着触觉用指尖去代替眼和耳学会了与外界沟通。她 10 岁多一点时,名字就已传遍全美,成为残疾人士的模范。

1893 年 5 月 8 日,是海伦最开心的一天,这也是电话发明者贝尔博士值得纪念的日子。贝尔博士这位成功人士在这一日成立了他那著名的国际聋人教育基金会,而为会址奠基的正是 13 岁的小海伦。

若说小海伦没有自卑感,那是不确切的,也是不公平的。幸运的是她

自小就在心底里树起了颠扑不灭的信心,完成了对自卑的超越。

小海伦成名后,并未因此而自满,她继续孜孜不倦地接受教育。1900年,这个20岁学习了指语法、凸字及发声,并通过这些手段获得超过常人知识的姑娘,进入了哈佛大学拉德克利夫学院学习。她说出的第一句话是:"我已经不是哑巴了!"她发觉自己的努力没有白费,兴奋异常,不断地重复说:

"我已经不是哑巴了!"4年后,她作为世界上第一个受到大学教育的盲聋哑人,以优异的成绩毕业。

海伦不仅学会了说话,还学会了用打字机著书和写稿。她虽然是位盲人,但读过的书却比视力正常的人还多。而且,她著了7部书;比"正常人"更会鉴赏音乐。

海伦的触觉极为敏锐,只需用手指头轻轻地放在对方的唇上,就能知道对方在说什么;把手放在钢琴、小提琴的木质部分,就能"鉴赏"音乐。她能以收音机和音箱的振动来辨明声音,又能够利用手指轻轻地碰触对方的喉咙来"听歌"。

如果你和海伦·凯勒握过手,5年后你们再见面握手时,她也能凭着握手来认出你,知道你是美丽的、强壮的、体弱的、滑稽的、爽朗的或者是满腹牢骚的人。

这个克服了常人"无法克服"的残疾的"造命人",其事迹在全世界引起了震惊和赞赏。她大学毕业那年,人们在圣路易博览会上设立了"海伦·凯勒日"。她始终对生命充满信心,充满热忱。她喜欢游泳、划船以及在森林中骑马。她喜欢下棋和用扑克牌算命;在下雨的日子,就以编织来消磨时间。

海伦·凯勒,身为一个三重残废,凭着她那坚强的信念,终于战胜自己,体现了自身价值。她虽然没有发大财,也没有成为政界伟人,但是,她所获得的成就比富人、政客还要大。

第二次世界大战后,她在欧洲、亚洲、非洲各地巡回演讲,唤起了社会大众对身体残疾者的注意,被《大英百科全书》称颂为有史以来残疾人士

最有成就的代表人物。

一个不信任自己心灵力量的人,不懂爱护自己,未能推己及人,徒然耳能听目能见,也不会有什么成就;海伦·凯勒既盲且聋,但她"信"任自己的"心"灵力量,爱护自己,推己及人,于是。她的"心眼"亮了,"心耳"开了,创造了物质财富,也创造了心灵财富。

对此,美国作家马克·吐温评价说:19世纪中,最值得一提的人物是拿破仑和海伦·凯勒。

身受盲聋哑三重痛苦,却能克服它并向全世界投射出光明的海伦·凯勒及其很好的理解者沙莉文女士的成功事迹,说明了什么问题呢?

心灵悄悄话

> 拿破仑·希尔给我们做出了最好的回答:"信心是心灵的第一号化学家。当信心融合在思想里,潜意识会立即拾起这种震撼,把它变成等量的精神力量,再转送到无限智慧的领域里促成成功思想的物质化。"的确,心存疑惑,就会失败。相信胜利,必定成功。

建立自信的方式方法

你心里想什么,就会成什么。征服畏惧,征服自卑,建立自信最快、最确实的方法,就是去做你害怕的事,直到你获得成功的经验。

正视别人

一个人的眼神可以透露出许多有关他的信息。某人不正视你的时候,你会直觉地问自己:"他想要隐藏什么呢? 他怕什么呢? 他会对我不利吗?"

不正视别人通常意味着:在你旁边我感到很自卑;我感到不如你;我怕你。躲避别人的眼神意味着:我有罪恶感;我做了或想到什么我不希望你知道的事;我怕一接触你的眼神,你就会看穿我。这都是一些不好的信息。

正视别人等于告诉他:我很诚实,而且光明正大。我相信我告诉你的话是真的,毫不心虚。

要让你的眼睛为你工作,就是要让你的眼神专注别人,这不但能给你信心,也能为你赢得别人的信任。

加快走路的速度

当大卫·史华兹还是少年时，到镇中心去是很大的乐趣。在办完所有的差事坐进汽车后，母亲常常会说："大卫，我们坐一会儿，看看过路行人。"母亲是位绝妙的观察行家。她会说："看那个家伙，你认为他正受到什么困扰呢？"或者"你认为那边的女士要去做什么呢"？或者"看看那个人，他似乎有点迷惘"。

观察人们走路实在是一种乐趣。这比看电影便宜得多，也更有启发性。普通人有"普通人"走路的模样，做出"我并不怎么以自己为荣"的表白。另一种人则表现出超凡的信心，走起路来比一般人快，像跑。他们的步伐告诉整个世界："我要到一个重要的地方，去做很重要的事情，更重要的是，我会在 15 分钟内成功。"

使用这种"走快 25%"的技术，抬头挺胸走快一点，你就会感到自信心在滋长。

当众发言

拿破仑·希尔指出，有很多思路敏锐、天资高的人，却无法发挥他们的长处参与讨论。并不是他们不想参与，而是因为他们缺少信心。

在会议中沉默寡言的人都认为："我的意见可能没有价值，如果说出来，别人可能会觉得很愚蠢，我最好什么也不说。而且，其他人可能都比我懂得多，我并不想让他们知道我是这么无知。"

这些人常常会对自己许下很渺茫的诺言："等下一次再发言。"可是他们很清楚自己是无法实现这个诺言的。

每次这些沉默寡言的人不发言时，他就又中了一次缺乏信心的毒素了，他会越来越丧失自信。

从积极的角度来看，如果尽量发言，就会增加信心，下次也更容易发言。

所以，要多发言，这是信心的"维他命"。

不论是参加什么性质的会议，每次都要主动发言，也许是评论，也许是建议或提问题，都不要有例外。而且，不要最后才发言。要做破冰船，第一个打破沉默。

也不要担心你会显得很愚蠢。不会的，因为总会有人同意你的见解。所以不要再对自己说："我怀疑我是否敢说出来。"

用心获得会议主席的注意，好让你有机会发言。

咧嘴大笑

大部分人都知道笑能给自己很实际的推动力，它是医治信心不足的良药。但是仍有许多人不相信这一套，因为在他们恐惧时，从不试着笑一下。

真正的笑不但能治愈自己的不良情绪，还能马上化解别人的敌对情绪。

如果你真诚地向一个人展颜微笑，他实在无法再对你生气。

拿破仑·希尔讲了一个自己的亲身经历："有一天，我的车停在十字路口的红灯前，突然'砰'的一声，原来是后面那辆车的驾驶员的脚滑开刹车器，他的车撞了我车后的保险杠。我从后视镜看到他下车，也跟着下车，准备痛骂他一顿。

"但是很幸运，我还来不及发作，他就走过来对我笑，并以最诚挚的

语调对我说:'朋友,我实在不是有意的。'他的笑容和真诚把我融化了。

"我只有低声说:'没关系,这种事经常发生。'转眼间,我的敌意变成了友善。"

咧嘴大笑,你会觉得美好的日子又来了。但是要笑得"大",半笑不笑是没有什么用的,要露齿大笑才能见功效。

我们常听到:"是的,但是当我害怕或愤怒时,就是不想笑。"

当然,这时,任何人都笑不出来。窍门就在于你强迫自己说:

"我要开始笑了。"然后,笑。

要有控制、运用笑的能力。

想一想,别的还有哪些建立自信的方法呢?一旦发现,就下意识地去重复,自信就会自然地来到你的身上。

心灵悄悄话

许多心理学家将懒散的姿势、缓慢的步伐跟对自己、对工作以及对别人的不愉快的感受联系在一起。但是心理学家也告诉我们,借着改变姿势与速度,可以改变心理状态。你若仔细观察就会发现,身体的动作是心灵活动的结果。那些遭受打击、被排斥的人,走路都拖拖拉拉,完全没有自信心。

行为端正才有自信

　　几年前的某一天，我正批阅学生的考卷。一位叫保罗的学生的试卷令我困扰。保罗在以前的几次讨论与测验中显示的实力比这份试卷要好得多，我认为他在课程结束时会名列前茅。可是，他的试卷显然会使他的成绩降低。

　　碰到这种情况，我照例叫秘书请他来跟我谈谈。

　　不多久保罗来了。他看起来好像刚做了一场可怕的梦。等他坐定，我便对他说："保罗，你是怎么啦？这实在不是你该有的成绩。"保罗显出内心的挣扎，两眼看着自己的脚回答："先生，当看到你瞧见我在作弊以后，我都要崩溃了，根本无法集中精神去做任何事。老实说，这是我在大学第一次作弊。我想无论如何一定要得到甲等的成绩，所以暗地里偷看了一本参考书。"他极度的沮丧。但是他既然已经讲出来了，就会接着说下去。"我想你一定会要我退学，因为任何欺骗行为都会被学校开除。"保罗又诉说这次事件会给他的家庭带来耻辱，会毁了他的一生，以及其他种种不良后果。最后我说："停一下，先听我解释，我并没有看到你作弊。"

　　在他进来谈话以前，我根本不知道这就是问题所在。他这种行为实在令人遗憾。然后我继续说："保罗，告诉我，你到底想要从你的大学生活里学到什么？"他现在比较冷静了，停了一会儿说："我想我最终的目的是学习如何生活，但是我想我败得很惨。"我告诉他："我们可以通过各种方式来学习。我想你一定能够从这次经验中学到真正成功的教训。当你作弊时，你的良知严重困扰你，使你有罪恶感。这种罪恶感摧毁了你的信

心。就像你所说的你都要崩溃了。保罗,人们判断是非多半是根据道德或宗教的观点。我现在并不是要跟你说教,教你明辨是非,可是我们来看它实际的一面。当你做任何违背良知的事情时,罪恶感就会阻碍你的思考过程,使你无法顺畅地思考,因为你内心会不时地问:我会不会被逮住?我会不会被逮住?保罗。"我继续说:"你是这样迫切要得甲等的成绩,才做出违背良知的事来。同样地,在你一生中,也会遇到许多你迫切想要获得甲等成就的情况,而试图去做一些有违良心的事来。例如,有一天你因迫切地想促成一项交易,而不择手段地诱使客户掏腰包。这样做,成功的机会可能很大,但会产生什么后果呢?罪恶感缠住你,等你再碰到这位顾客时,你会感到很不自在,怀疑他是否发现你已做了手脚。你的表现也因为心神不定而乱成一团,很可能就无法再做第二、第三、第四笔不断而来的生意。结果,使用诈术做成的生意反而挡了许多财路。"我继续告诉保罗:"一位曾经显赫一时的社交名流,因为深深恐惧他的太太会发现他有外遇而心神不定。结果恐惧销蚀他的信心,什么事都做不好。"

我也提醒保罗,许多犯人被捕,并不是因为留下什么线索,而是他们表现出有罪的样子。他们的罪恶感使他们列入嫌疑犯的名单。

我们每一个人都有向善的意愿。当我们违背这种意愿时,就等于把癌细胞放进自己的良知,吞噬信心,并逐渐蔓延。因此,要避免去做任何会使你自问"我会被逮住吗?他们会发现吗?我能摆脱吗"这一类的事情。

绝不要为了得到甲等的成绩而破坏自己的信心。

我很高兴要在此指出,保罗此时已经了解正当行事的实际价值了。我建议他坐下来重考。然后回答他担心的会被退学的问题。我说:"我很清楚校方的规定。但如果我们把用各种方法作弊的学生全部都开除,就有一半的教授跟着失业。如果把所有有作弊念头的学生全部开除,学校就要关门了。"

"所以,如果你帮我一个忙,我就会忘掉这件事情。"我说。我走到书架旁取出一本《金科玉律伴我五十年》,说:"保罗,把这本书读完再还我,

看看作者是怎样靠正当行事而成为美国最富有的人物之一。"

"行事正当"能使你的良知获得满足,因而建立自信。"行事出轨"会导致两种消极的结果:第一,罪恶感会腐蚀我们的信心。第二,别人迟早会发现而不再信任我们。

下面这个心理学原则值得反复细读:要建立信心,就要行为端正。

心理学家克莱恩博士在他所著的《应用心理学》中曾经提道:"要记住,行动引导情绪。你无法直接控制情绪,一定要先透过选择性的行为举止——这种避免一般性悲剧(如婚姻问题和误解)的说法,有心理学的实用根据。

"你若每天行事得当,就会感觉到有相应的情绪出现。只要你和你的伴侣能不断有约会与亲吻的动作,而且诚心赞美,互相体贴,就不会有爱的烦恼了。

"你不可能一直只有爱的行动而感觉不到爱。"

要证明控制过的行动能改变情绪很容易。自我介绍时很害羞的人,在同时采取三种很简单的行动以后,信心会代替胆怯。第一,伸出手来热切地握住对方。第二,正视对方的眼睛。第三,说"我很高兴认识你"。

这三种简单的行动马上能自动驱除害羞感。有信心的行动会产生有信心的想法。所以,若要有充满信心的思考,就要先有充满信心的行动。并且要照你希望的方式来行动。

心灵悄悄话

许多心理学家都告诉我们,我们能借着改变实际行动,来改变我们的心态。例如,如果你使自己发笑,你就会觉得真的很好笑。当你挺直腰背时,你就会觉得自己很优秀。相反,你若扮出一副苦瓜脸,看看会不会真的感到苦闷?

相信你是独一无二的

你和我可能不是某个国家的帝王或王后,但就我们自己来说,我们也是十分特殊的人物。如果让世界上所有的小孩,都能因为他们生存在这个世界上而觉得自己与众不同,那岂不是一件很好的事吗?如果我们能够克服贫穷与疾病,下一步就是告诉自己,在这个社会里,最重要的是"名牌",就是挂在我们自己身上的那一块牌子。

对此,有人做了一个实验:在一个讨论青少年自尊的研讨会上,他征求了8位自愿者,请他们站到课堂前来,他发给这8个人每人一块纸板做成的"身份"卡,让他们挂在脖子上,以显示他们在生活中的假想身份。

每张卡片的正面,写上他们的身份:母亲、婴儿、太空人、工友、摇滚歌星、棒球选手、医生、律师。然后,要求这8个人把他们认为重要的身份,按序排成一排。

结果,这个本来纯粹为了好玩的游戏,变成了"星球大战"。这8个自愿者你推我挤的,展开一场严肃的"身份争夺"战。个个都以为自己最重要。

"太空人"首先站到排头,他说:"我应该排在最前面,因为我去过的地方,你们其余的人都没有去过。此外,我也将为人类寻找另一处可居住的地方,因为地球现在太拥挤了!"(台下的学生纷纷鼓掌)"摇滚歌星"走了上来,把"太空人"推挤到第二位(台下的学生发出欢呼),他说:"我早已到了'外太空',我赚的钱最多,我还可以把你买下来,担任我私人喷气机的驾驶员。"

这时,"棒球选手"走了上来:"我想,我应该排在最前面。我所赚的钱和摇滚歌星一样多,而且,在每个球季的晚上,都在大群观众面前比赛,从事健康活动,这对你们有莫大的好处。"(更多的欢呼声)这时候,轮到"医生"走到排头了:"我应该排在第一,因为在你们受伤或生病时,我负责替你们医治,而且,我赚的钱也不少。"(掌声不多)"律师"走了上来:"我才是最好的,因为我能使你坐牢,或者使你不必坐牢,你们必须把所有的钱拿来付给我。"(欢呼)"母亲"走了上来:"我才是最重要的,因为是我把你们所有的人带到这个世界来的。"(掌声不多)"婴儿"也走了上来:"我应该排在第一位,因为我们所有的人都曾经是婴儿,然后,我们才能成为母亲,或成为任何人。"(鼓掌声)最后剩下来的是"工友"。担任"工友"的这位学生,似乎就知道他不必和大家去争名次,他知道只要他一开口说话,就会惹来哄堂大笑,虽然这不过是一场游戏,而且所有的参加者都是自愿的,但"工友"知道自己不会被当作第一名看待。而且,每一次玩这种游戏时,扮演"工友"的那位学生,就主动地认为自己是第八名。

在这 8 名自愿者回到班级行列之前,他说明了他对他们的真正要求。"我希望你们根据你们的重要性来安排自己的位置。但我不是要你们像这样狗咬狗,谁都想做王,而是要求你们大家手拉手,围成一个互相新生的圆圈,站在大家面前,不管他的外表长得如何,或是他所从事的是什么工作。你们之中的每一个人,都和其他任何一位具有相同的价值。"

对他们的耳朵来说,这是一种新的音乐;对他们的眼睛而言,这更是一种前所未见的景象。

大多数的孩子告诉他,除了在教堂之外,他们从来不曾听过这样的话。

大多数成年人也未曾听过这样的训诲。若是听过的话,那也是很久以前的事了。

在现代社会中,人人都以自我为中心,这种现象称为"自我陶醉"。

从以"我"为中心的现状,变成以"我们"为中心的时代,是需要度过一段极为艰苦的历程的。

健全的自尊与自我陶醉,有着天壤之别。

"尊重"这两个字的意思是指重视其价值。就人类来说,我确信这就是所有成就的起点与第一颗种子。"尊重"是我们的能力基础。它使我们能够去爱其他的人,而且可以去完成一项有价值的目标,而没有丝毫恐惧。自我陶醉式的满足是一种现实主义、享乐主义式的自我崇拜。自尊则是精神上的爱。为什么我们敬畏大海的力量与壮阔,敬畏宇宙的广阔无际、鲜花的美艳、落日的壮丽……而却轻视我们自己?创造我们的不也是同一位造物主吗?我们拥有思考、经历、改变生活环境以及爱的能力,那么,我们岂不是万物当中最杰出的吗?

心灵悄悄话

接受我们目前的这种样子,是建立自信的关键,我们每个人都是有价值的、随时都在改变的、并不完美的、成长中的个人,而且要知道,虽然我们的生理和心理并不是生来就很公平,但我们却拥有相等的权利,可以根据自己的精神标准,去感觉自己是很优秀的。你是造物主的一个杰作,你必须随时记住这个秘诀:"我们必须在内心充满爱,然后才能把爱心施给他人。"

如何用行动来增强热心

黑格尔说："没有热情，世界上没有一件伟大的事能完成。"美国的《管理世界》杂志曾进行过一项调查，他们采访了两组人，第一组是高水平的人事经理和高级管理人员，第二组是商业学校的毕业生。他们询问了这两组人，什么品质最能帮助一个人取得成功。两组人的共同回答是"热诚"。

一个推销员，虽然他只有有限的专业技术和不多的专业生产知识，但如果他有感人的热诚，那么，比起那些有良好的技术、但缺乏热诚的人来，他的销售额肯定要多得多。

考虑一下你的现状，你对你的工作、你的目标，是否感到激动，是否有热情呢？

是热情使艾柯卡做出别人所做不出的事；是热情让科学家终年孜孜不倦，寻求突破，以便把太空人送上外太空并接返地球；是热情让人夙兴夜寐，是热情使人如沐春风；是热情让人生有力量、有勇气、有意义。若无热情，则无一事可成，不论是运动员、艺术家、科学家、生意人，缺了它就不会奋发向上。

一个人若只有一点点热忱是远远不够的，所以，增强热心是必须的。

那么，怎样才能增强热心呢？下面介绍增强热心的几点建议：

1. 深入了解每个问题

想要对什么事热心，先要学习更多目前你尚不热心的事。了解越多，越容易培养兴趣。这是帮助你建立对某种事物的热心的重要一环。

深入发掘你的题目，研究它、学习它，和它生活在一起，尽量搜集有关

它的资料。这样做下去就会不知不觉地使你变得更为热忱。对此,卡耐基说过这样一段话:"例如,我以前对于崇拜林肯并不热忱,直到我写了一本有关林肯的书以后才改变,现在我非常热忱地崇拜他。华盛顿可能是和林肯一样伟大的人物,但是我对他并不如我对林肯那样崇拜,因为有关华盛顿的事我知道得并不太多。"对于任何事情,只有在深入了解以后,你才会产生出热情。

2. 做事要充满热忱

你热心不热心或有没有兴趣,都会很自然地在你的行为上表现出来,没有办法隐瞒。跟某个人握手时要紧紧地握住对方的手说"我很荣幸能认识你"或"我很高兴再见到你"。而那种畏畏缩缩的握手方式,真的还不如不握,只能使人觉得"这家伙死气沉沉,半死不活"。想要找出以这种方式握手的成功人士,不知要等到何年何月。

为了表现你的热忱,微笑也要活泼一点,眼睛要配合你的微笑才好。当你对别人说"谢谢你"的时候,也要真心实意地说。此外,你的谈话也要生动引人。著名的语言学权威者得尔博士,在他的一本书《如何使你的谈吐高雅宜人》中提道:"你说的'早安'是不是让人觉得很舒服?你说的'恭喜你'是不是出于真心呢?你说'你好吧'时的语气是不是让人很高兴呢?一旦当你说话时能自然而然渗入真诚的情感,你就已经拥有引人注意的良好能力了。"

说话自信的人都会受到欢迎。当你说话很有活力时,你自己也会变得很有活力。请你试试看,大声说:"我今天很痛快!"说话时是不是感觉比先前更舒服一点呢?你必须时时刻刻活泼有力才能成功。

3. 要传播好消息

我们都曾在不同场合遇到某人说:"我有一个好消息。"这时所有的人都会停下手里的工作望着他,等他说出来。好消息除了引人注意以外,还可以引起别人的好感,引起大家的热心与干劲,甚至帮助消化,使你胃口大开。

因为传播坏消息的人比传播好消息的要多,所以你千万要了解这一点:散布坏消息的人永远得不到朋友的欢心,也永远一事无成。

　　每天回家时尽量把好消息带给家人共享,告诉他们今天所知道的好消息。尽量讨论有趣的事情,同时把不愉快的事情抛在脑后。也就是说,尽量散布好消息。

　　把好消息告诉你的同事。要多多鼓励他们,每一个场合都要夸奖他们,把公司正在进行的积极事情告诉他们。这样,你每天就会生活在一种热情的氛围中,因此更容易获得积极的反馈,保持热情的心。

心灵悄悄话

　　成功者一直有一个理由,一个值得付出、激起兴趣,且长据心头的目标,驱使他们去努力、去追求成长和更上一层楼。这目标给予他们开动成功列车所需的动力,使他们释放出真正的潜能。

第二篇　树立自信心才能入迷

毛毛虫效应

法国科学家约翰·法伯进行过一个著名的毛毛虫实验：

他在一只花盆的边缘摆放了一些毛毛虫，让它们首尾相接，围成一圈，与此同时在离花盆几英寸以外的地方放了一些它们最爱吃的松针。由于毛毛虫天生就有跟随的习性，因此它们一只跟着一只，紧紧地跟随着前面的毛毛虫，绕着花盆一圈圈地爬行。这群毛毛虫就这样一小时、一天、两天地兜圈子，连续七天七夜后，终于筋疲力尽而饿死。

约翰·法伯在做这个实验前曾经设想，毛毛虫应该很快就会停止这毫无意义的绕圈，转向旁边的食物。然而，毛毛虫却因习惯于固守原有的本能、习惯和经验而白白付出了生命。后来，心理学家们把这种习惯于跟着前面的路线走的人称为"跟随者"，把跟随带来失败的现象称为"毛毛虫效应"。

在自然界中，其实不只是毛毛虫这样，许多更高级的生物身上，也会出现这种现象。比如鲦鱼，它们因个体弱小而群居生活，所有的弱小者都跟随群体中最强大的鲦鱼活动，即使它们的首领因某些原因而失去了自制力，行动发生紊乱，其他鲦鱼也一样盲目追随，进而遭遇和它们首领相同的悲惨命运。毛毛虫效应具有一定的普遍性，即便是在人类社会，这样的现象也是比较常见的。比如，我们沉湎于坏习惯中难以自拔，因循守旧不思创新进取等，都是毛毛虫效应在起作用。

要想打破毛毛虫效应，我们就必须做到放眼未来，具有前瞻性眼光和创新的能力。

时代在前进，一切都在变换，人们的思维水平也要跟随时代变化。要

想在现在的时代取得一席之地，就要做个现代人，知道现代人的内心所想。不同的时代，人们的生活需求是不一样的。在战乱时期，人们需要的就是一些安宁；在温饱还没有解决的时候，人们最需要的是解决温饱问题；在温饱有了保障之后，人们想要的就是一些基本的享受了；而在现在这样一个物质发达的时期，人们的需求也就越来越高了。

第二次世界大战的时候，百业俱凋。美国有一家规模不大的缝纫机厂也是一样，生意特别不好，基本已经撑不下去了，工厂老板杰克看到战时只有军火是个热门，而自己却与它无缘。无奈之下，他盼望着战争的结束，想等和平之后继续做生意，于是他把目光转向未来市场。他觉得不能再继续做以前的生意了，他告诉儿子，缝纫机厂需要转产改行。但是究竟该改成什么呢？他认为战争结束之后大量的人会需要轮椅，于是他让儿子把工厂改成生产残疾人用的小轮椅。

儿子当时大惑不解，不过还是遵照父亲的意思去办。经过一番设备改造后，一批批小轮椅面世了。这时战争刚刚结束，许多在战争中受伤致残的士兵和平民，纷纷购买小轮椅。杰克工厂的订货者盈门，该产品不仅畅销美国，还远销国外。

一段时间之后，正当生意做得越来越大时，父亲又提出了新的想法，市场快要饱和了，再继续做下去就没有什么意义了。战争结束之后，人们都想过安居乐业的生活，人们需要健康的身体，把自己的身体锻炼好才能有美好的生活。因此，做健身器材的生意一定不会有什么差错，应该早一些准备好健身器材。于是，生产小轮椅的机械流水线，又被改造为生产健身器材的流水线。

终于，在战后十年左右，健身运动开始受到人们的欢迎，健身器材也开始走俏，当时没有几个人有这样的眼力，在美国还只有这样一家器材店，他们的健身器材很快便成为热门货。

一味地说老话、走老路，沿用老习惯，必定没有出路，甚至会碰壁，只有尝试着以一种新的思维方式去思考问题，去寻求创新，才会有新发现、新创造。创新能够让我们更加接近成功。

1998 年,诺基亚击败了摩托罗拉,成为全世界最大的手机制造商,诺基亚的手机销售额一度占全球手机销售额的 70% 左右。成功的重要因素之一,就是诺基亚公司投入了巨大的金钱、人力、时间在手机设计上,锐意创新。当竞争对手还在聘请工程师生产手机的时候,诺基亚已经开始着手于聘请市场推广专家、社会学家和时装设计师,针对不同的用户设计独特的手机。

心灵悄悄话

在工作和生活中,只要有所创新,具有前瞻的眼光,我们就能摆脱毛毛虫效应的消极影响,摆脱因循守旧的束缚,收获属于自己的精彩。

第三篇

心态好才能更专注

你的心态就是你真正的主人。要么你去驾驭生命，要么是生命驾驭你。你的心态决定谁是坐骑，谁是骑师。

物随心转，境由心造，烦恼皆由心生。一个健全的心态比一百种智慧更有力量。在生活中，一个好的心态，可以使你乐观豁达；一个好的心态，可以使你战胜面临的苦难；一个好的心态，可以使你淡泊名利，过上真正快乐的生活。人类几千年的文明史也告诉我们，积极的心态能帮助我们获取健康、幸福和财富。

运用心态的力量

罗杰·罗尔斯是美国纽约州历史上第一位黑人州长。他出生在纽约声名狼藉的大沙头贫民窟。这里环境肮脏，充满暴力，是偷渡者和流浪汉的聚集地。在这儿出生的孩子，耳濡目染，他们从小逃学、打架、偷窃甚至吸毒，长大后很少有人从事体面的职业。然而，罗杰·罗尔斯是个例外，他不仅考入了大学，而且成了州长。

在就职的记者招待会上，一位记者对他提问：是什么把你推向州长宝座的？面对300多名记者，罗尔斯对自己的奋斗史只字未提，只谈到了他上小学时的校长——皮尔·保罗。

1961年，皮尔·保罗被聘为诺必塔小学的董事兼校长。当时正值美国嬉皮士流行的时代，他走进大沙头诺必塔小学的时候，发现这儿的穷孩子比"迷惘的一代"还要无所事事。他们不与老师合作，旷课、斗殴，甚至砸烂教室的黑板。皮尔·保罗想了很多办法来引导他们，可是没有一个是奏效的。后来他发现这些孩子都很迷信，于是在他上课的时候就多了一项内容——给学生看手相。他用这个办法来鼓励学生。

当罗尔斯从窗台上跳下，伸着小手走向讲台时，皮尔·保罗说："我一看你修长的小拇指就知道，将来你是纽约州的州长。"当时，罗尔斯大吃一惊，因为长这么大，只有他奶奶让他振奋过一次，说他可以成为5吨重的小船的船长。这一次，皮尔·保罗先生竟说他可以成为纽约州的州长，着实出乎他的意料。他记下了这句话，并且相信了它。

从那天起，"纽约州州长"就像一面旗帜，罗尔斯的衣服不再沾满泥土，说话时也不再夹杂污言秽语。他开始挺直腰杆走路，在以后的多年

里,他没有一天不按州长的身份要求自己。51 岁那年,他终于成了州长。

在就职演说中,罗尔斯说:"心态值多少钱?心态是不值钱的,它有时甚至是一个善意的欺骗,然而你一旦坚持下去,它就会迅速升值。"

在这个世界上,积极心态这种东西任何人都可以免费获得,所有成功的人,最初都是从良好的心态开始的。心态就是所有奇迹的萌发点。

心灵悄悄话

一个人能飞多高,并非由人的其他因素决定,而是由他自己的心态所制约。我们的心态在很大程度上决定了我们人生的成败。当我们开始运用积极的心态并把自己看成成功者时,我们就已经开始走向成功了。

树立积极的信念

愿不愿意积极生活,这其实是个人的选择。

一旦做了积极的决定,即意味着日常生活中,俯拾即是机会。每一次经验都是全新的开始,可用不同的想法和感觉去体会。面对生活中源源不断的挑战,在取得主动的地位后,便能镇定自若地调兵遣将,决定应对的方式和态度。

你是你自己的指挥官,没有任何人能命令,或以他的意志驱使你。一切主动权皆操之在你。

那些拥有积极心态的人,是积极主动的,他们不仅有选择、拒绝的能力,而且能够担负自己的责任,塑造自己的未来,发挥人性的光辉潜能,也只有这种人才能成为爱因斯坦、摩根、洛克菲勒等大成就者。

而那些具有消极心态的人则是被动消极的,他们的一生碌碌无为,受消极潜意识和本能的盲目驱使,成为一个机械的而非积极主动的人,注定将一无所成。

跨过这些阶段后,所处的环境和人际关系将呈现另一番风貌——这是因为关注这些事的心态已经不同。从此之后,无论是对自己或是和其他人的交往上,由于不再怀抱特定的想法,也不再期待他人的回报,彼此间的互动关系将更为自然。

潜能是沉睡在潜意识里的,只要用行动、用信念去刺激潜意识,你的潜能就会像泉水一样,涓涓流出。

谢利曼年轻时在公司任职,有了经济基础以后便向敏娜求婚,不料敏娜早已和别人订婚。这是他一生中不能挽回的小失败。他便积极从事贸

易,更加努力地研究语言学,为发掘特洛伊遗迹而日夜工作。他在经商贸易中获得大笔盈余,业务蒸蒸日上,不久便成为著名的大富翁。但他不因此稍有懈怠,反而更勤奋地学习古希腊和拉丁语,为实现其少年时代之梦想全力以赴。谢利曼说:

"1860 年我所拥有的财富,已经无比丰厚,表示我从少年时一直梦想得到的果实已经成熟了。回想经商之初,生活虽然忙碌紧张,却一刻也不曾忘记特洛伊遗迹,我有决心一定会达成目标。30 多年来,对父亲和敏娜发过的誓言,不久之后将会兑现。

"过去致力于累积财富,以作为实现美梦的基础,现在金钱财力已不成问题,目标已然近在眼前,所有的血汗将不会白流。对于经商贸易我将不再多费心力,我将把后半辈子投入使人美梦成真的行动中。

"要下这样的决心,所遭遇的困难简直一言难尽,虽然一次又一次遭受失败的打击,但我总是咬紧牙关去克服,盼望早日达成目标,完成我用一生做赌注的伟大理想。"

他终于成功了,特洛伊遗迹被挖掘出土,对世界考古学做出了辉煌的贡献。

谢利曼在迈向发掘遗迹的人生路上,遭到许多人的轻视和讥笑,说他像小孩子般喜欢追求遥不可及的幻想,平白把大笔钞票丢到臭水沟里,简直是个大傻瓜。但是谢利曼仍旧不惜金钱、不计代价、不怕失败、下定决心,他为自己这份执着而骄傲。

心灵悄悄话

人的潜意识的作用是很大的,但是,如果对潜意识放任自流,不去管理,便会泛滥成灾,而且会使你的潜意识变得懒惰、消极,从而使潜能发挥不出来。

修炼积极心态

有时候,积极思想之所以无效,最重要的理由之一是,我们没有真正去实行这一原则。积极思想需要不断训练、学习及持之以恒。你必须乐意主动去实行,有时候要经过一段时间后才能见效。

我们总是在意想不到的时候产生出不愉快的想法。所以重要的是,不但要学会如何排除掉不愉快的想法,还要学会怎样把腾空了的地方装上健康而积极的念头和想法。

汤姆刚刚疲累地做完了一天的工作,回到家里冲一个澡,热水冲在身上,使他感到非常舒服。

正在怡然自得的时候,他突然想起了昨天和经理吵架的事情。一下子,满脑子都充满了不愉快的回忆。

但是,汤姆正在痛痛快快地淋浴,不可能在此时此刻解决和经理发生的那个问题。

那么,看看他此刻是怎么做的吧!

汤姆拿出自己的"情绪吸尘器",把有关和经理的种种想法统统排除掉。他知道,此刻根本解决不了跟经理争吵的事情,但是能够把澡洗得痛痛快快。你也可以这样做,一旦你在这样做的时候尝到甜头,头脑里浮现出的愉快景象会使你觉得舒畅得多。

假如不久你又想起了那些泄气的往事,赶紧再"除尘",再去想象美好的事物。

不论你有多少次觉得需要使用"情绪吸尘器"去打扫,就去用吧。只要你一不自觉地想起了泄气的事情,就必须有意识地行动起来,把那些念

头赶跑。

本·霍根是一名非常出色的高尔夫球手,他自称去球场练球是"训练肌肉记忆力"。当他上场时,总是重复练习同一动作,直到他的肌肉能"记住"动作的规律为止。他的思考习惯也是如此。我们必须重复训练思维习惯,直到当我们遇到麻烦时,思维能有如我们所希望的那样做出反应为止。也就是说,我们的大脑必须被训练成积极思考的模式。

不管什么时候,只要脑子里出现泄气的想法和问题,就要采取措施。只有你自己才能够控制你的头脑。要用"情绪吸尘器"把它们赶走,留出地方来装即将到来的欢乐时光和成功胜利!

亚伯拉罕·林肯说过:"人下决心想要愉快到什么程度,他大体上也就愉快到什么程度。你能决定自己头脑中想些什么,你就能控制自己的思想。"

无论什么时候,只要脑子里出现了消极的想法,就把"情绪吸尘器"动起来,把消极的想法清除掉。

不要再谈论和回味那些消极泄气的事情了,有什么用吗?没有!所起的作用只不过是带来更多的消极因素,产生更多的泄气念头,出现更多忧心忡忡的烦恼。有消极因素是不可能取得成功的。出现了消极因素,就要清除干净。这样,你才能着手盘算如何愉快起来,才能有时间觉得痛快。

心灵悄悄话

要谈论欢乐的时刻,鼓舞未来的计划,为自己以往的回忆和现在体验到的积极因素感到高兴。于是,随着这些积极的话语便会产生出积极的行动和情绪。

态度决定你的成就

　　一个人的工作态度在很大程度上显示了他是否能够担当重大的责任，也决定了他的事业是否能有所成就。因为他的工作态度反映了他的人生态度，而他的人生态度又决定了他一生的工作成就。

　　一个对工作积极负责的人，无论他现在从事的职业是什么，干苦力也好，当老板也罢，都会从心里认为自己的工作是神圣而伟大的；也不论他的工作多么的艰辛，需要付出多少心血，要克服多少困难，他都会迎难而上，用积极乐观的态度去进行工作。

以什么样的心态对待工作

　　以老板的心态对待你的工作，你就会成为一个值得信赖的人，一个老板乐于雇用的人，一个可能成为老板得力助手的人。

　　绝大多数人都必须在一个社会机构中奠定自己的事业生涯。只要你还是某一机构中的一员，就应当抛开任何理由，投入自己的忠诚和责任。一荣俱荣，一损俱损！将全身融入公司，尽职尽责，处处为公司着想，那么任何一个老板都会视你为公司的栋梁。

　　有人曾说过，一个人应该永远同时从事两件工作：一件是目前所从事的工作；另一件则是真正想做的工作。如果你能将该做的工作做得和想做的工作一样认真，那么你一定会成功，因为你在为未来做准备，你正在

学习一些足以超越目前职位,甚至成为老板的技巧。当时机成熟时,你已准备就绪了。

当你精熟了某一项工作时,别陶醉于一时的成就,把眼光放得长远一些,想一想现在所做的事有没有进一步提高的可能,这些都能使你在未来取得更长足的进步。尽管有些问题属于老板考虑的范畴,但是如果你考虑了,说明你正朝着老板的位置迈进。

如果你是老板,你对自己今天所做的工作完全满意吗?别人对你的看法有时并不重要,重要的是你对自己的看法。回顾一天的工作,扪心自问一下:"我是否付出了全部精力?"

如果你是老板,一定会希望员工能和自己一样,将公司的利益当成自己的利益,更加努力,更加勤奋,更加积极主动。

以老板的心态对待公司,你就会成为一个值得信赖的人,一个老板乐于雇用的人,一个可能成为老板得力助手的人。更重要的是,你能心安理得地沉稳入眠,因为你清楚自己已全力以赴,已完成了自己所设定的目标。

一个将企业视为自己的并尽职尽责完成工作的人,终将会拥有自己的事业。许多管理制度健全的公司,正在创造机会使员工成为公司的股东。因为人们发现,当员工成为企业所有者时,他们会表现得更加忠诚,更具创造力,也会更加努力工作。美国自由企业体制是建立在这样一种前提之下,即每一个人的收获与劳动成正比。有一条永远不变的真理:当你像老板一样思考时,你就成为了一名老板。

以老板的心态对待公司,为公司节省花费,公司也会按比例给你报酬。奖励可能不是今天、下星期甚至明年就会兑现,但它一定会来,只不过表现的方式不同而已。当你养成良好的习惯,将公司的资产视为自己的资产一样爱护,你的老板和同事都会看在眼里。

也许你会感慨自己的付出与受到的肯定和获得的报酬并不成比例。下一次,当你感到工作卖力却没有得到理想的工资、未能获得上司赏识时,记得提醒自己:你是在自己的公司里为自己做事,你是在为自己出力。

假设你是老板,试想一下你自己是那种你喜欢雇用的员工吗？当你正考虑一项困难的决策,或者你正思考着如何避免一份讨厌的差事时,请反问自己:如果这是我自己的公司,我会如何处理？当你所采取的行动与你身为员工时所做的完全相同的话,你已经具有处理更重要事务的能力了,那么你很快就会成为老板。

尽职尽责做好你的工作

有一份英国报纸刊登了一则招聘教师的广告:"工作虽然轻松,但要全心全意,尽职尽责。"

事实上,不仅教师如此,所有人对工作都应该全心全意、尽职尽责。这正是敬业精神的基础。

一个人无论从事何种职业,都应该尽心尽责忠于你的职业,尽自己的最大努力,求得不断的进步。这不仅是工作的原则,也是做人的原则。如果没有了职责和理想,生命就会变得毫无意义。无论你身居何处(即使在贫穷困苦的环境中),如果能全身心投入工作,最后就会获得经济自由。那些取得成就的人,一定是在某一特定领域里进行过坚持不懈的努力。

知道如何做好一件事,比对很多事情都懂一点皮毛要强得多。在得克萨斯州一所学校做演讲时,一位总统对学生们说:"比其他事情更重要的是,你们需要知道怎样将一件事情做好。与其他有能力做这件事的人相比,如果你能做得更好,那么,你就永远不会失业。"

一个成功的经营者说:"如果你能真正制好一枚别针,应该比你制造出粗陋的蒸汽机赚到的钱更多。"

许多人都曾为一个问题而困惑不解:明明自己比他人更有能力,为什么成就却远远落后于他人？不要疑惑,不要抱怨,而应该先问问自己一些

问题：

（1）.自己是否真的走在前进的道路上？

（2）.自己是否像画家仔细研究画布一样,仔细研究职业领域的各个细节问题？

（3）.为了增加自己的知识面,或者为了给你的老板创造更多的价值,你认真阅读过专业方面的书籍吗？

（4）.在自己的工作领域你是否做到尽职尽责？

如果你对这些问题无法做出肯定的回答,那么这就是你无法取胜的原因。如果一件事情是正确的,那么就大胆而尽职地去做吧！如果它是错误的,就干脆别动手。

那些技术半生不熟的泥瓦工和木匠,将砖石和木料拼凑在一起来建造房屋,在这些房屋尚未售出之前,有些已经在暴风雨中坍塌了；术业不精的医科学生不愿花更多的时间学好技术,结果做起手术来笨手笨脚,让病人冒着极大的生命危险；律师在读书时不注意培养能力,办起案件来捉襟见肘,让当事人白白花费金钱……这些都是缺乏敬业精神的表现。

"无论从事什么职业,都应该精通它。"让这句话成为你的座右铭吧！如果你是工作方面的行家里手,精通自己的全部业务,就能赢得良好的声誉,也就拥有了一种潜在成功的秘密武器。

某人就个人努力与成功之间的关系请教一位伟人："你是如何完成如此多的工作的？"那位伟人的回答是："我在一段时间内只会集中精力做一件事,但我会彻底做好它。"

如果你对自己的工作没有做好充分的准备,又怎能因自己的失败而责怪他人、责怪社会呢？现在,每个人最需要做到的就是"精通"二字。大自然要经过几百年的进化,才长出一朵艳丽的花朵和一颗饱满的果实。但是在美国,年轻人随便读几本法律书,就想处理一桩桩棘手的案件,或者听了两三堂医学课,就急于做外科手术——要知道,那个手术维系着一条宝贵的生命啊！

学生时代一旦养成了半途而废、心不在焉、懒懒散散的坏习惯,运用一些小伎俩来蒙混过关，欺骗老师，一旦步入社会，就不可能出色地完成任何任务。在银行工作时总是迟到，人们会拒付他的票据；与人约会时总是延误，会让人大失所望。如果一个人认为小事情是不值得认真对待的，那么如果他想著书立说，必定漏洞百出。一些人从来不会认真地整理自己的资料和书信，所有的文稿和信件散乱地堆放在书桌上，办事时他就会缺乏条理，不讲究秩序，思维也不周密，结果是连自己最基本的立场、原则和态度都会丧失，同时也会失去他人对自己的信心。

这种人注定会失败，家人和同事也会为他们感到沮丧和失望。如果这种人成为领导，将会造成更恶劣的影响，其下属也必定会受这种恶习的传染——当他们看到上司不是一个精益求精、细心周密的人时，往往会群起而效仿。这样一来，个人的缺陷和弱点就会渗透到整个事业中去，影响公司的发展。

一位先哲说过："如果有事情必须去做，便全身心投入去做吧！"事实上做事情无法善始善终的人，就不会培养自己的个性，意志无法坚定，无法达到自己追求的目标。而做事一丝不苟的人能够迅速培养严谨的品格，获得超凡的智能。它既能带领普通人往好的方向前进，又能鼓舞优秀的人追求更高的境界。

无论做何事，必须竭尽全力，因为它决定着一个人日后事业上的成败。一个人一旦领悟了全力以赴地工作能消除工作辛劳这一秘诀，他就掌握了打开成功之门的钥匙，能处处以主动尽职的态度工作，即使从事最平凡的职业也能增添个人的荣耀。

做一个敢于负责的人

负责任、尽义务是一个人成熟的标志。对于责任，有一些人总不想主动去承担，而对于获益颇丰的好事，邀功领赏者不乏其人。但需要知道，

负责任的人是成熟的人,他们对自己的言行负责,他们把握自己的行为,做自我的主宰。每一个成熟的企业,都应该教育自己的员工增强责任感。

这是一个不言自明的道理:世上所有的事都得由一些人去做的,这些人有能力去完成它。我们必须独自承担或与他人共同承担的责任依社会结构和政治体制而变更,但唯有一点不会改变:越是成熟,责任越重。伊甸园中的亚当被发现偷吃禁果之后,把责任推给了夏娃,这是不成熟的表现。夏娃随之又开罪于骗人的毒蛇,这也是欠成熟之举。当兄弟或伙伴们被叫到一起承认错误时,"是她(他)叫我干的"就成为亘古不变的托词。

承担责任至关重要,每一个成熟的企业,都应该教育自己的员工增强责任感,就像培养他们其他优良品质一样。

要将责任根植于内心,让它成为我们脑海中一种强烈的意识,在日常行为和工作中,这种责任意识会让我们表现得更加卓越。我们经常可以见到这样的员工,他们在谈到自己的公司时,使用的代名词通常都是他们而不是我们,他们业务部怎么怎么样,他们财务部怎么怎么样,这是一种缺乏责任感的典型表现。

责任感是不容易获得的,原因就在于它是由许多小事构成的。但有责任感最基本的是做事成熟,无论多小的事,都能够比以往任何人做得都好。

责任感是简单而无价的。据说美国前总统杜鲁门的桌子上摆着一个牌子,上面写着:Book of stop here(问题到此为止)。如果在工作中,对待每一件事都是 Book of stop here,这样的公司将让所有人为之震惊,这样的员工将赢得足够的尊敬和荣誉。

有一个替人割草打工的男孩打电话给布朗太太说,您需不需要割草?布朗太太回答说,不需要了,我已有了割草工。男孩又说,我会帮您拔掉草丛中的杂草。布朗太太回答,我的割草工已做了。男孩又说,我会帮您把草与走道的四周割齐。布朗太太说,我请的那人也已做了,谢谢你,我不需要新的割草工人。男孩便挂了电话。此时男孩的室友问他说,你不是就在布朗太太那儿割草打工吗？为什么还要打这个电话？男孩说，我只是想知道我究竟做得好不好！

多问自己做得如何，这就是责任。

还有一个美国作家的例子。有一次，一个小伙子向一位作家自荐，想做他的抄写员。小伙子看起来对抄写工作是完全能够胜任的。条件谈妥之后，他就让那个小伙子坐下来开始工作，但是小伙子却朝外边看了看教堂上的钟，然后心急火燎地对他说，我现在不能待在这里，我要去吃饭。于是作家说，噢，你必须去吃饭，你必须去！你就一直为了你等着去吃的那顿饭祈祷吧，我们两个永远都不可能在一起工作了。作家说那个小伙子曾对他说过，自己因为得不到雇用而感到特别沮丧，但是当他有了一点点起色的时候却只想着提前去吃饭，而把自己说过的话和应承担的责任忘得一干二净。

工作就意味着责任。在这个世界上，没有不需承担责任的工作，相反，你的职位越高、权力越大，你肩负的责任就越重。不要害怕承担责任，要相信自己，你一定可以承担任何正常职业生涯中的责任，你一定可以比前人完成得更出色。

世界上最愚蠢的事情就是推卸眼前的责任，说等到以后准备好了、条件成熟了再去承担才好。其实，在需要你承担重大责任的时候，马上就去承担它，这就是最好的准备。如果不习惯这样去做，即使等到条件成熟了以后，你也不可能承担起重大的责任，你也不可能做好任何重要的事情。

每个人都肩负着责任，对工作、对家庭、对亲人、对朋友，我们都有一定的责任，正因为存在这样或那样的责任，才能对自己的行为有所约束。事实上，人通常比自己认定的更好。当他改变自己心意的时候，并不需要去增进他所拥有的技能。他只需要把已有的技能与天赋运用出来就行。这样，他才能够不断地树立起责任心。

现在，在企业里，老板越来越需要那些敢作敢当、勇于承担责任的员工。因为，责任感是很重要的，不论对于家庭、公司、社交圈子，都是如此。它意味着专注和忠诚。

美国塞文事务机器公司前董事长保罗·查来普说，如果有谁说"那不是我的错，那是他(其他的同事)的责任"，被我听到的话，我就开除他，因为说这话的人显然对我们公司没有足够兴趣——如果你愿意，站在那儿，眼睁睁地看着一个醉鬼坐进车子里去开车，或任何一个没有穿救生衣、只有 2 岁大的小孩单独在码头边上玩耍——好吧！可是我不容许你这样做。你必须跑过去保护那 2 岁的小孩才行。

同样地，不论是不是员工的责任，只要关系到公司的利益，员工都该毫不犹豫地加以维护。因为，如果一个员工想要得到提升，任何一件事都是他的责任。如果员工想使老板相信你是个可造之才，最好、最快的方法，莫过于积极寻找并抓牢促进公司利益的机会，哪怕不是你的责任，你也要这么做。

由此可见，老板心目中的员工，个个都应是勇于负责任的人。只有主动对自己的行为负责、对公司和老板负责、对客户负责的人，才是老板心目中理想的员工。

如果员工在推卸责任，老板也许不愿当众揭穿推卸责任的行为，但是，在老板的心目中，早已判断你是一个并不可靠的人。

不要推脱责任。在日常工作中，每个人都难免出现失误，但是，当问题发生后，只知道一味地怪罪别人，就是不负责任的表现。

你可能也是这样做的，当老板指责你工作中的错误时，你会马上找出许多借口为自己辩解，并且说得振振有词，头头是道:别人不采纳我的意见，我是按照公司的要求做的等。你以为这些借口能为自己的错误开脱，能把责任推个一干二净，但事实上并非如此。也可能老板会原谅你一次，但他心中一定会感到不快，并会对你产生怕负责任的不良印象。你这样做，不但无法改善现状，所产生的负面影响还会让情况更加恶化。如果以后出现问题，你还是能推就推，能躲就躲，令老板无法信赖你，那么你的前途就岌岌可危了，可能离另谋高就的日子就不太远了。

如何自动自发地工作

我们常常说只要准时上班，按点下班，不迟到，不早退就是完成工作了，就可以心安理得地去领工资了。但其实，工作首先是一个态度问题，工作需要热情和行动，工作需要努力和勤奋，工作需要一种积极主动、自动自发的精神。自动自发地工作的员工，将获得工作所给予的更多的奖赏。

坦诚地说，现在的许多年轻员工，大多是茫然的。他们每天在茫然中上班、下班，到了固定的日子领回自己的薪水，高兴一番或者抱怨一番之后，仍然茫然地去上班、下班。他们从不思索关于工作的问题：什么是工作？工作是为什么？可以想象，这样的年轻人，他们只是被动地应付工作，为了工作而工作，他们不可能在工作中投入自己全部的热情和智慧。他们只是在机械地完成任务，而不是去创造性地、自动自发地工作。

我们没有想到，我们固然是踩着时间的尾巴准时上下班的，可是，我们的工作很可能是死气沉沉的、被动的。当我们的工作依然被无意识所支配的时候，很难说我们对工作的热情、智慧、信仰、创造力被最大限度地激发出来了，也很难说我们的工作是卓有成效的。我们只不过是在过日子或者混日子罢了！

其实，工作是一个包含了诸多智慧、热情、信仰、想象和创造力的词汇。卓有成效和积极主动的人，他们总是在工作中付出双倍甚至更多的智慧、热情、信仰、想象和创造力，而失败者和消极被动的人，却将这些深深地埋藏起来，他们有的只是逃避、指责和抱怨。

应该明白，那些每天早出晚归的人不一定是认真工作的人，那些每天忙忙碌碌的人不一定是优秀地完成了工作的人，那些每天按时打卡、准时出现在办公室的人不一定是尽职尽责的人。对他们来说，每天的工作可

能是一种负担、一种逃避,他们并没有做到工作所要求的那么多、那么好。对每一个企业和老板而言,他们需要的绝不是那种仅仅遵守纪律、循规蹈矩,却缺乏热情和责任感,不能够积极主动、自动自发工作的员工。

工作不是一个关于干什么事和得什么报酬的问题,而是一个关于生命存在意义的问题。工作就是自动自发,工作就是付出努力。正是为了成就什么或获得什么,我们才专注于什么,并在那个方面付出精力。从这个本质上说,工作不是我们为了谋生才去做的事,而是我们用生命去做的事!

成功取决于态度,成功是一个长期努力积累的过程,没有谁是一夜成名的。所谓的主动,指的是随时准备把握机会,展示超乎他人表现的工作能力,以及拥有为了完成任务,必要时不惜打破常规的智慧和判断力。知道自己工作的意义和责任,并永远保持一种自动自发的工作态度,为自己的行为负责,是那些成就大业之人和凡事得过且过之人的最根本区别。

明白了这个道理,并以这样的眼光来重新审视我们的工作,工作就不再成为一种负担,即使是最平凡的工作也会变得意义非凡。在各种各样的工作中,当我们发现那些需要做的事情——哪怕并不是分内的事的时候,也就意味着我们发现了超越他人的机会。因为在自动自发地工作的背后,需要员工付出的是比别人多得多的智慧、热情、责任、想象和创造力。

一位心理学家为了实地了解人们对于同一件事情在心理上所反映出来的个体差异,来到一所正在建筑中的大教堂,对现场忙碌的敲石工人进行访问。

心理学家问他遇到的第一位工人:"请问你在做什么?"

工人没好气地回答:"在做什么?你没看到吗?我正在用这个重得要命的铁锤,来敲碎这些该死的石头。而这些石头又特别的硬,害得我的手酸麻不已,这真不是人干的工作。"

心理学家又找到第二位工人:"请问你在做什么?"

第二位工人无奈地答道："为了每月500美元的工资，我才会做这件工作，若不是为了一家人的温饱，谁愿意干这份敲石头的粗活？"

心理学家问第三位工人："请问你在做什么？"

第三位工人眼光中闪烁着喜悦的神采："我正参与兴建这座雄伟华丽的大教堂。落成之后，这里可以容纳许多人来做礼拜。虽然敲石头的工作并不轻松，但当我想到，将来会有无数的人来到这儿，再次接受上帝的爱，心中便常为这份工作献上我的感恩之情。"

同样的工作，同样的环境，却有如此截然不同的感受。

第一种工人，是完全无可救药的人。可以设想，在不久的将来，他将不会得到任何工作的眷顾，甚至可能是生活的弃儿。

第二种工人，是没有责任感和荣誉感的人。对他们抱有任何指望肯定是徒劳的，他们抱着为薪水而工作的态度，为了工作而工作。他们肯定不是企业可依靠和老板可依赖的员工。

该用什么语言赞美第三种工人呢？在他们身上，看不到丝毫抱怨和不耐烦的痕迹，相反，他们是具有高度责任感和创造力的人，他们充分享受着工作的乐趣和荣誉。同时，因为他们的努力工作，工作也带给了他们足够的荣誉。他们就是我们想要的那种员工，他们是最优秀的员工。

最好的执行者，都是自动自发的人，他们确信自己有能力完成任务。这类人的个人价值和自尊是发自内心的，而不是来自他人。他们会学会自我奖励。

企业要鼓励员工自我奖励，提供各种环境和经验，让员工学习从良好的表现中获得内心的满足与成就感。也就是说，让他们不是凭一时的冲动做事，也不是只为了老板的称赞，而是自动自发地、不断地追求完美。

第三种工人，在他的身上完美地体现了自动自发、自我奖励、视工作为快乐的精神。这样的工作哲学，是每一个企业都乐于接受和推广的。持有这种工作哲学的员工，就是每一个企业所追求和寻找的员工。他所在的企业、他的工作，也会给他最大的回报。

或许在过去的岁月里,有的人时常怀有类似第一种或第二种工人的消极看法,每天常常谩骂、批评、抱怨、四处发牢骚,对自己的工作没有丝毫激情,在生活的无奈和无尽的抱怨中平凡地生活着。

不论您过去对工作的态度究竟如何,都并不重要,毕竟那是已经过去的了,重要的是,从现在起,您未来的态度将如何?让我们像第三种工人那样,时常怀抱着一颗感恩的心做最优秀的员工吧!

勤奋实干造就成功

如果人们都能全身心投入自己的工作中去,即便是能力一般的人,也能取得很好的成绩;即使那些令人厌烦的人,也会使人改变对他的看法。

一方面,每一个老板自然认为,勤勤恳恳、全神贯注、充满热情的员工更有价值,这样的下属在尽力帮助自己。

另一方面,在那些冷漠、粗心大意、懒惰的员工的影响下,老板会觉得压抑。因此,他会自觉地与有良好心态的员工在一起,关心他们的生活,提升他们的职位,提高他们的薪水;对那些不专心工作、推脱责任、不注重实绩的员工,他有一种本能的排斥心理。

对工作的不同态度——一心一意或三心二意,充满热情或不冷不热,专注投入或冷漠淡然,其最终的结果有着天壤之别。

美国伟大的科学家、政治家本杰明·富兰克林非常强调实干精神,而他自己就是一个实干家。

在印刷所打工时,他迅速、出色地掌握了专业技能,凭实力成为领高薪的工头。上班时间他以最高的效率工作,工余时间他抓紧时间读书。他用自己挣的钱买机器设备,筹办自己的印刷所,并且在竞争中获胜。

从小到大,在印刷所工作、博览群书、笔耕不辍,使他成为极其娴熟的印刷技师和出色的写手。创业初期,他插手印刷所和报纸的一切事务,写稿、编辑、策划广告、排字、印刷、修理设备……那些简陋的印刷机难免会出一些故障,他就是通宵达旦地工作也要排除故障、按时完成业务。

他没有时间去娱乐场所,没有时间和人闲聊,没有时间钓鱼打猎,只把少得可怜的闲暇时间用于读书。总之,他一直在行动。

他在科学上的贡献更是举世瞩目。如果没有实干精神,他无法做出这么多的贡献——他揭示了电的本质,提出了"正电"和"负电"的概念,用普罗米修斯式的行动揭开了雷电的秘密,在光学、热学、声学、数学、海洋学、植物学等方面都有很深的造诣。他还发明了避雷针、新式火炉、电轮、三轮钟、双焦距眼镜、自动烤肉机、玻璃乐器、高架取书器、新式路灯……一个人身上集中了如此之多的成就,实在令人惊讶。

作为企业家,爱迪生是实干型的。23 岁时,他办工厂,招募了一批工程师、工匠,层出不穷地推出各种电气发明。这些人都热爱自己的工作,迷恋自己充满创造力的头脑和双手。

他们都是工作狂,而爱迪生是"总工作狂"。他每天的睡眠时间不到四个小时。爱迪生的办公桌就在车间一角,每当完成一项发明,他就站起来,跳起非洲大陆的原始舞,嘴里还念念叨叨:"这么简单的解决办法,怎么原来没想到。"

这已经成了一种标志、一种信号,工人们一看到老板跳舞,就围过来,他们知道又有新鲜事可做了。

订单像雪片一样飞来,在不断增加人手的情况下还要日夜开工。工人们没有抱怨,共同的兴趣使他们与爱迪生建立了很深的友谊,何况这个不吝惜金钱的老板经常用金钱奖励他们。实干成了他们共同的追求、共同的行动、共同的乐趣。

但是,勤奋实干并不是蛮干、瞎忙和突击,也不是拼体力、耗精力。勤奋和下苦力是两回事,一味盲目地"死干"而不讲究策略或方法,那无异于蛮干。

达尔文在 5 年环球考察的日日夜夜,几乎没有一天不观察、不阅读、

不思考。

正如一位伟人所说:"伟大的成绩和辛勤的劳动是成正比例的,有一分劳动就有一分收获,日积月累,从少到多,奇迹就可以创造出来。"

心灵悄悄话

勤奋是有目的、有步骤地不断耕耘、耐心观察、长期积累、持久探索。科学巨匠牛顿曾经透露他成功的奥秘:"不是由于别的,只是由于我的辛勤持久的思索所致。"

敬业的最终受益者

职业是人的使命所在,是人类共同拥有和崇尚的一种精神场所。从世俗的角度来说,敬业就是敬重自己的工作,将工作当成自己的事,其具体表现为忠于职守、尽职尽责、善始善终等职业道德,其中糅合了一种使命感和道德责任感。敬业的心态是一种最基本的做人之道,也是成就事业的必要条件。

任何一家想竞争取胜的公司必须设法使每个员工敬业。没有敬业的员工就无法给顾客提供高质量的服务,就难以生产出高质量的产品。推而广之,一个国家如果想立于世界之林也必须使其人民敬业。警察应该尽职尽责为民众服务;行政官员应该勤奋思考并制定和执行政策;人民代表应该勤于问政;只有每个人做一行爱一行,才能被称为是一个敬业的社会。

敬业表面上看起来是有益于公司、有益于老板,但最终的受益者却是自己。

当我们将敬业变成一种习惯时,就能从中学到更多的知识,积累更多的经验,就能从全身心投入工作的过程中找到快乐。

如何激发自己的热情

很难想象,一个对工作没有丝毫热情的人能够将自己全身心投入工

作中去,并且创造出好的工作业绩。热情会让你挖掘出自身潜力,激发想象力和创造力。工作离不开热情,培养工作热情是把工作做得更好的动力。

人的情绪常处于变化之中,有时心情会变得很郁闷压抑,但这只是暂时的。而工作热情是一种长期稳定的积极心态,其中融入了你对工作的稳定的感情和态度,即使偶尔有不良情绪干扰,但这种对工作的热情不会因此而减退。

使热情发生减退的原因主要有以下几种:

(1).工作能力和工作难度差距较大。如果工作太简单了,没有挑战性,则激发不起热情;工作太难,能力不够,这种差距容易使人自信心受挫,丧失工作热情。因此,选择与自己能力相符的工作是很重要的。

(2).工作只是为了完成任务。认识不到工作的真正目的,认为工作只是为了完成任务,自然会少了一份激情,多了一份懈怠。用目标激发热情,可以让工作更富活力。

(3).懈怠的工作态度。本来是比较感兴趣的工作,也会因你随便、懒散、懈怠的工作态度而失去热情。消极心态是积极心态的克星,消极情绪滋生,积极情绪则会衰减,这是一种此消彼长的关系。

对工作产生热情,最重要的条件是兴趣。如果你选择了一项自己本不喜欢,但现在又无法改变的工作时,那你应该学会培养对该工作的兴趣。

你不要看到这项工作就立即产生厌恶感,并让这种厌恶感任其蔓延。你应先试着把这种厌恶感扔到一边,尝试做这项工作,慢慢了解工作本身,看能否在工作中找出自己比较感兴趣的问题。一般而言,当你静下心来了解、熟悉工作时,便会逐渐产生兴趣。

但兴趣不是产生热情的唯一条件。即使你所从事的是你感兴趣的工作,有时热情也会发生衰减,这就需要在工作中找到适当的方法激发和巩固热情。

培养对工作的热情,需要有一种轻松的心情。如果压力太大,干扰太多,情绪会受到影响,从而影响热情的激发。

长期的热情来源于对工作本身的热爱,所以你应该了解工作本身,了解它的过去、现在,预测它的将来,拓宽你的视野。你发现得越多越深,你对工作的热情就越高。一位作家曾说过:"对祖国的热爱,源于你对祖国的了解。"同样,你对工作的热情,源于你对工作的了解。

如何将工作当成人生的乐趣

只有通过工作,才能保证精神的健康;只有在工作中进行思考,才能使工作成为一件快乐的事,两者密不可分。

即使你的处境再不尽如人意,你也不能厌恶自己的工作。如果环境迫使你不得不做一些令人乏味的工作时,你就应该想方设法使自己充满乐趣。用这种积极的态度投入工作,无论做什么,都很容易取得良好的效果。

人可以通过工作来学习,可以通过工作来获取经验、知识和信心。你对工作投入的热情越多,决心越大,工作效率就越高。当你抱有这样的热情时,上班就不再是一件苦差事,工作就变成了一种乐趣,就会有许多人愿意聘请你来做你所喜欢的事。工作是为了自己更快乐!如果你每天工作八小时,就等于在快乐地游泳,这是一件多么合算的事情啊!

有许多在大公司工作的员工,他们拥有渊博的知识,受过专业训练,他们朝九晚五穿行在写字楼里,有一份令人羡慕的工作,拿一份不菲的薪水,但是他们并不快乐。他们是一群孤独的人,不喜欢与人交流,不喜欢星期一。他们视工作如紧箍咒,仅仅是为了生存而不得不出来工作。他们精神紧张、未老先衰,常常患胃溃疡和神经官能症,他们的健康真是令人担忧。这些人是不值得学习和效仿的。

当你在乐趣中工作,如愿以偿的时候,就该爱你所选,不轻言变动。

如果你开始觉得压力越来越大，情绪越来越紧张，在工作中感受不到乐趣，没有喜悦和满足感，就说明有些事情不对劲了。如果我们不从心理上调整自己，即使换一万份工作，也不会有所改观。

一个人工作时，如果能以精益求精的态度、火焰般的热忱，充分发挥自己的特长，那么不论做什么样的工作，都不会觉得辛劳。如果我们能以满腔的热忱去做最平凡的工作，也能成为最精巧的艺术家；如果以冷淡的态度去做最不平凡的工作，也绝不可能成功。各行各业都有发展才能的机会，实在没有哪一项工作是可以藐视的。

如果一个人鄙视、厌恶自己的工作，那么他必将失败。引导成功者的磁石，不是对工作的鄙视与厌恶，而是真挚、乐观的精神和百折不挠的毅力。不管你的工作是怎样的卑微，都应当付之以艺术家的精神，应当有十二分的热忱。这样，你就可以从平庸卑微的境况中解脱出来，不再有劳碌辛苦的感觉，厌恶的感觉也自然会烟消云散。

想一下亨利·恺撒，一个真正成功的人，不仅因为冠以其名字的公司拥有 10 亿美元以上的资产，更由于他的慷慨和仁慈，使许多哑巴会说话，使许多跛者过上了正常人的生活，使穷人以低廉的费用得到了医疗保障……所有这一切都是由恺撒的母亲在他的心田里所播下的种子生长出来的。

玛丽·恺撒给了她的儿子亨利无价的礼物——教他如何应用人生最伟大的价值。玛丽在工作一天之后，总要花一段时间做义务保姆工作，以帮助不幸的人们。她常常对儿子说："亨利，不工作就不可能完成任何事情。我没有什么可留给你的，只有一份无价的礼物：工作的欢乐。"恺撒说："我的母亲最先教给我对人的热爱和为他人服务的重要性。她常说，热爱人和为人服务是人生中最有价值的事。"

如果你掌握了这一积极的法则，如果你将个人兴趣和自己的工作结合在一起，那么，你的工作将不会显得辛苦和单调。兴趣会使你的整个身体充满活力，使你在睡眠时间不到平时一半、工作量增加两三倍的情况下，仍然不会觉得疲劳。

工作不仅是为了满足生存的需要,同时也是实现个人人生价值的需要。一个人总不能无所事事地终老一生,应该试着将自己的爱好与所从事的工作结合起来,无论做什么,都要乐在其中,而且要真心热爱自己所做的事。

成功者乐于工作,并且能将这份喜悦传递给他人,使大家不由自主地接近他们,乐于与他们相处或共事。人生最有意义的就是工作,与同事相处是一种缘分,与顾客、生意伙伴见面是一种乐趣。

不为薪水而工作

有一些年轻人,当他们刚走出校门时,总对自己抱有很高的期望值,认为自己一开始工作就应该得到重用,就应该得到相当丰厚的报酬。他们在工资上喜欢相互攀比,似乎工资成了他们衡量一切的标准。但事实上,刚刚踏入社会的年轻人缺乏工作经验,是无法委以重任的,薪水自然也就不可能很高,于是他们就有了许多怨言。

也许是耳闻目睹父辈或他人被老板无情解雇的事实,现在的年轻人往往将社会看得比上一代人更冷酷、更严峻,因而也就更加现实。在他们看来,我为公司干活,公司付我一份报酬,等价交换,仅此而已。他们看不到工资以外的东西,曾经在校园中编织的美丽梦想也逐渐破灭了。没有了信心,没有了热情,工作时总是采取一种应付的态度,能少做就少做,能躲避就躲避,敷衍了事,以报复他们的雇主。他们只想对得起自己挣的工资,从未想过是否对得起自己的前途,是否对得起家人和朋友的期待。

之所以出现这种状况,原因在于人们对于薪水缺乏更深入的认识和理解。大多数人因为自己目前所得的薪水太微薄,而将比薪水更重要的东西也放弃了,实在太可惜。

不要为薪水而工作,因为薪水只是工作的一种报偿方式,虽然是最直

接的一种,但也是最短视的。一个人如果只为薪水而工作,没有更高尚的目标,并不是一种好的人生选择,受害最深的不是别人,而是自己。

一个以薪水为个人奋斗目标的人是无法走出平庸的生活模式的,也从来不会有真正的成就感。虽然工资应该成为工作目的之一,但是从工作中能真正获得更多东西却不是装在信封中的钞票。

一些心理学家发现,金钱在达到某种程度之后就不再诱人了。即使你还没有达到那种境界,但如果你忠于自我的话,就会发现金钱只不过是许多种报酬中的一种。试着请教那些事业成功的人士,他们在没有优厚的金钱回报下,是否还继续从事自己的工作。大部分人的回答都是:"绝对是!我不会有丝毫改变,因为我热爱自己的工作。"想要攀上成功的台阶,最明智的方法就是选择一件即使酬劳不多也愿意做下去的工作。当你热爱自己所从事的工作时,金钱就会尾随而至。你也将成为人们竞相聘请的对象,并且获得更丰厚的酬劳。

不要为薪水而工作。工作固然是为了生计,但是比生计更可贵的,是在工作中充分挖掘自己的潜能,发挥自己的才干,做正直而振奋的事情。如果工作仅仅是为了面包,那么生命的价值也未免太低俗了。

人生的追求不仅仅只是为了满足生存的需要,还有更高层次的需求,有更高层次的动力驱使着我们。不要麻痹自己,告诉自己工作就是为赚钱——人应该有比薪水更高的追求目标。

工作的质量决定生活的质量。无论薪水高低,工作中尽心尽力、积极进取,能使自己得到内心的平安。工作过分轻松随意,无论从事什么领域的工作都不可能获得真正的成功。将工作仅仅当作赚钱谋生的工具,这种想法本身就会让人蔑视。

事业成功人士的经验向我们揭示了这样一个真理:只有经历艰难困苦,才能获得世界上最大的幸福,才能取得最大的成就;只有经历过奋斗,才能取得成功。

寻找乐趣的因素

我们有些人每天清晨逃避工作的想法,如同一种紧急的避难,就像人们逃避一场迫在眉睫的龙卷风或外星人的袭击一样。难道工作真的那么使人感到害怕吗?难道它像一条巨大的蟒蛇一样缠绕着你,会要你的命吗?

今天,不少人有这种想法。对他们而言,工作就像一座钟,而他们是一些只管盯着闹钟的指针,等不及下班信号就要逃离工作场合的人。对他们而言,工作没有一点点乐趣,工作仅仅等同于饭碗,仅仅是延续生命的一种不得不为之的手段。

从事有价值的工作是人生的一种真正快乐。当你从事有价值的工作时,你不仅仅是赚取金钱,同时也是为自己挣取自尊自爱。

苏格兰哲学家卡莱尔写道:"有事做的人是幸运的,不要让他再祈求别的福分……当一个人的精神倾注于工作时,他的身心就会形成一种真正的和谐,无论那是多么卑微的劳动。"

我们虽不全同意卡莱尔的某些观点,但我们愿以自己的体验印证这几句话。我们认识的一些人,他们在工作时,身心舒畅,而在失去或放弃了工作后,他们的心灵就会萎缩,甚至连他们的神情也变了,曾经因兴奋而炯炯有神的眼睛也变得暗淡无光了。

诚然,有些人仅仅是为了养家糊口在做着不适合他们的工作。由于他们不喜欢所从事的工作,使工作对他们而言变成了一种苦役,无法体会到一个把大部分精力投入工作的人所体验到的愉悦。

假如你不幸陷入这种困境,你就必须想办法去自省和补救。因为对自己的工作感到乏味,便很难享受到创造性生活的乐趣了。

也许是你对工作没有给予应有的重视;也许是你还没有完全睁大眼

睛,去发现你的种种潜能;也许是你还没有彻底看清事实,那么错误不在工作而在于你。你应该牢牢记住:在很多情况下,创造机遇的是你自己,而不是工作。

如果错在工作,那么可能的话,为什么不去另找一份工作? 只要你对工作产生兴趣,哪怕少拿一些薪金也是值得一试的。假如你无法另找一份工作,那你就得加深对工作价值的认识,使它成为你的一种乐趣而不再是苦役。

千万不要在任何一种你所从事的工作中混入消极的意识。你是一个有灵性的人,而不是一块毫无知觉的木头。因此,你应该尽你一生,运用人类的灵性,去感受人生的美好。

爱迪生发明白炽灯泡时,曾做了一千多次的试验。当他试验完第1000 种材料但还没有找到做灯泡灯芯的最佳材料时,爱迪生说了一句很令人深省的话:我成功地知道了一千种不适合做灯丝的材料。

正是有着这种认真的实验精神,爱迪生才能经受住那么多的打击而乐观依旧。

在职场中,人们很需要有爱迪生这种乐观向上的精神。工作压力太大,面对人生诸多难题,如果这时候能有乐观情绪伴随,心无杂念,一往无前,做起事情来便可认真积极,事半功倍,所有问题都会得到解决。

工作是为了自己

"我不过是在为老板打工。"这种想法具有很强的代表性,在许多人看来,工作只是一种简单的雇佣关系,做多做少、做好做坏对自己意义并不大。

汉斯和诺恩同在一个车间里工作,每当下班的铃声响起,诺恩总是第一个换上衣服,冲出厂房,而汉斯则总是最后一个离开。他会十分仔细地

做完自己的工作，并且在车间里走一圈，看到没有问题后才关上大门。

有一天，诺恩和汉斯在酒吧里喝酒，诺恩对汉斯说："你让我们感到很难堪。"

"为什么？"汉斯有些疑惑不解。

"你让老板认为我们不够努力。"诺恩停顿了一下又说，"要知道，我们不过是在为别人工作。"

"是的，我们是在为老板工作，但是，也是在为自己而工作。"汉斯的回答十分肯定有力。

尽管如此，大多数人还是没有意识到自己在为他人工作的同时，也是在为自己工作——你不仅为自己赚到养家糊口的薪水，还为自己积累了工作经验。工作会带给你远远超过薪水以外的东西。从某种意义上来说，工作真正是为了自己。

美国西北大学的校长沃尔特·史考特说："过度工作并不像一般人所想象的那样危险，也不像很多人认为的那样过多。如果一个人一天做完事下来很有成就感，那么不管这一天的工作有多么辛苦，他的内心都是舒适和满足的。反之，如果一天下来无所事事，没有成就感，即使这一天过得再清闲，他的内心都是焦灼而失望的。要是一个人对工作怀着浓厚的兴趣，觉得战胜工作的困难就是一种快乐，那么，他比那些把工作看成一种负担的人，不仅不会觉得疲倦，反而要觉得轻松。"

敬业是一种习惯，尽管一开始并不能为你带来可观的收益，但是可以肯定的是，那些缺乏敬业精神的人，是无法取得真正成就的。一旦散漫、马虎、不负责任的做事态度深入其潜意识，做任何事都会随意而为之，其结果自然可想而知。

一位朋友曾经给我讲过这样一个故事：

贝恩做了一辈子的木匠工作，并且以其敬业和勤奋而深得老板的信任。当年老力衰时，贝恩对老板说，自己想退休回家与妻子儿女享受天伦之乐。老板十分舍不得他，再三挽留，但是他去意已决，不为所动。于是

老板只好答应他的请辞,但希望能再帮助自己盖一座房子。贝恩自然无法推辞。

贝恩已归心似箭,心思全不在工作上了,用料也不那么严格,做出的活也全无往日的水准。老板看在眼里,但却什么也没说。等到房子盖好后,老板将钥匙交给了贝恩。

"这是你的房子,"老板说,"我送给你的礼物。"

老木匠愣住了,悔恨和羞愧溢于言表。一生盖了如此之多的华亭豪宅,最后却为自己建了这样一座粗制滥造的房子。

这也许不过是一个寓言故事,但是却生动地说明了你所做的努力并不完全是为了老板,归根到底是为了自己。

贝恩没有保持晚节,而许多年轻人却是一踏入社会就缺乏责任心,以善于投机取巧为荣:老板一转身就懒怠下来,没有监督就没有工作;工作推诿塞责,划地自封;不思进取,反而以种种借口来遮掩自己缺乏责任心。懒散、消极、怀疑、抱怨……种种职业病如同瘟疫一样在企业、政府机关、学校中流行,尽管付出多么大的努力都挥之不去。

但真正的成功是属于那些不论老板是否在办公室都会努力工作的人,属于那些尽心尽力完成自己工作的人。这种人永远不会被解雇,他在任何地方都会受到欢迎,这个时代更需要这种人才。

心灵悄悄话

> 爱默生说:"缺乏热情,难以成大事。"热情是一把火,它可燃烧起成功的希望。要想获得这个世界上的最大奖赏,你必须拥有将梦想转化为全部有价值的献身热情,来发展和推销自己的才能。

如何扭转工作中消极的态度

如果一个人轻视自己的工作,将它当成低贱的事情,那么他也绝不会尊敬自己。一个人如果看不起自己的工作,就会倍感工作艰辛、烦闷,工作自然也不会做好。当今社会,有许多人不尊重自己的工作,不把工作看成创造一番事业的必由之路和发展人格的工具,而视为衣食住行的供给者,认为工作是生活的代价,是无可奈何、不可避免的劳碌。这是多么错误的观念啊!

那些看不起自己工作的人,往往是一些被动适应生活的人,他们不愿意奋力崛起去努力改善自己的生存环境。对于他们来说,公务员更体面,更有权威性;他们不喜欢商业和服务业,不喜欢体力劳动,自认为应该活得更加轻松,应该有一个更好的职位,工作时间更自由。他们总是固执地认为自己在某些方面更有优势,会有更广泛的前途,但事实上却并非如此。

那些看不起自己工作的人,实际上是生活的懦夫。与轻松体面的公务员工作相比,商业和服务业需要付出更艰辛的劳动,需要更实际的能力。当人们害怕接受挑战时,就会找出许多借口,久而久之就变得看不起自己的工作了。这些人在学生时代可能就非常懒散,一旦通过了考试,便将书本抛到一边,以为所有的人生坦途都向他展开了,他们对于什么是理想的工作有许多错误的认识。

虽然说天生我材必有用,但懒懒散散只会给我们带来巨大的不幸。有些年轻人用自己的天赋来创造美好的事物,为社会做出了贡献,而另外有些人没有生活目标,缩手缩脚,浪费了天生的资质,到了晚年只能苟延

残喘。本来可以创造辉煌的人生,结果却与成功失之交臂,不能不说是一个巨大的遗憾。一个农夫,既有可能成为华盛顿之类的人物,也有可能终生面朝黄土背朝天,一直到老。

如何调节自己的工作态度

无论你是权贵还是平民,无论你是男还是女,都不要看不起自己的工作。如果你认为自己的劳动是卑贱的,那你就犯了一个巨大的错误。

罗马一位演说家说:"所有手工劳动都是卑贱的职业。"从此,罗马的辉煌历史就成了过眼云烟。亚里士多德也曾说过一句让古希腊人蒙羞的话:"一个城市要想管理得好,就不该让工匠成为自由人。那些人是不可能拥有美德的,他们天生就是奴隶。"

今天,同样有许多人认为自己所从事的工作是低人一等的。他们身在其中,却无法认识到其价值,只是迫于生活的压力而劳动。他们轻视自己所从事的工作,自然无法投入全部身心。他们在工作中敷衍塞责、得过且过,而将大部分心思用在如何摆脱现在的工作环境上了。这样的人在任何地方都不会有所成就。

所有正当合法的工作都是值得尊敬的。只要你诚实地劳动和创造,没有人能够贬低你的价值,关键在于你如何看待自己的工作。那些只知道要求高薪,却不知道自己应承担责任的人,无论对自己,还是对老板,都是没有价值的。

也许某些行业中的某些工作看起来并不高雅,工作环境也很差,无法得到社会的承认,但是,请不要无视这样一个事实:有用才是伟大的真正尺度。在许多年轻人看来,公务员、银行职员或者大公司白领才称得上是对社会有用的人才。有一些人甚至愿意等待漫长的时间,目的就是去谋求一个公务员的职位。但是,用同样的时间他完全可以通过自身的努力,

在现实的工作中找到自己的位置,发现自己的价值。

改变你的工作需要一定的外界条件和因素,但改变你的工作态度,则完全取决于你自己。

在今天的社会里,每个人都可以追求自己的理想。为了争取早日实现理想,许多人起初会努力拼搏,不断调换工作,希望找到自己理想的职业,但由于对自己不是透彻地了解,不知道自己能做什么,寻求"理想职业"的结果往往令人失望,于是开始责怪制度、埋怨社会,对工作也失去了热情。因此,对于我们现代人来说,与其频频地改换自己的工作,不如改变一下自己的工作态度。

前面我们提到热情是做一切事情的关键所在,那我们如何改变自己去很好地工作呢?

首先,我们必须深入地了解工作中的每一个问题。很难想象一个人会对自己不了解的事情产生很大的热情。对许多问题和事情没有产生热心往往是因为我们对它们缺乏深入的了解。每一件事都有它的趣味所在,你只有不断地学习,进一步了解事物的真相,才能挖掘出自己的兴趣。你越是了解就越会对它产生兴趣,而当你对所做的事情产生了兴趣,你就会很热情地对待你的工作。

其次,如果你是一个领导者,只有当你对工作变得热心时,你的热心才会带动你周围的人,使他们也变得热心。你更应具备工作的热情,这样才会赢得和你一样热心的追随者。如果你和你周围的人都能热爱自己的工作,并全心全意地投入到工作中去,那么原本令我们厌烦的工作也许会突然变得轻松愉悦。一个终日死气沉沉、无精打采的人是不可能带动身边的人变得热情活跃的。

最后,在工作中,多说一些积极的话语,时常告诉同事们一些好消息,多多鼓励他们,千万不要散播一些影响同事工作情绪的负面消息,尤其是一些道听途说连自己都不敢肯定的消息。只有这样,才能营造一个积极向上的工作氛围,进而更好地工作。

从某种意义上讲,对工作的认真负责,其实就是对生命的热爱,至少

它是你善待生命的一种实质性的表现。

积极对待工作

　　如果你认为自己的工作是乏味的,是一种苦役,那么就会产生抵触的心理,最终会导致失败。要看一个人做事的好坏,只要看他工作时的精神状态就可以了。如果他对自己的工作是被动的而非主动的,像奴隶在主人的监督之下一样;如果他对工作感觉到厌恶;如果他对工作毫无热诚和爱好之心,无法使工作成为一种享受,只觉得是一种苦役,那他在这个世界上绝不会取得什么成就。

　　有这样一个故事:

　　一天,主人把货物装在两辆马车上,让两匹马各拉一辆车。

　　在路上,一匹马渐渐落在了后面,并且走走停停,主人便把后面一辆车上的货物全放到前面的车上去。当后面那匹马看到自己车上的东西都搬完了,便开始轻快地前进,并且对前面那匹马说:"你辛苦吧,流汗吧,你越是努力干,主人越要折磨你。"

　　到达目的地后,有人对主人说:"你既然只用一匹马拉车,那么你养两匹马干吗? 不如好好地喂一匹,把另一匹宰掉,总还能拿到一张皮吧!"于是。主人便真的这样做了。

　　如果你对工作依然存在着抱怨并斤斤计较,把工作看成苦役,那么,你对工作的热情、忠诚和创造力就无法被最大限度地激发出来,也很难说你的工作是卓有成效的。你只不过是在"过日子"或者"混日子"罢了!

　　那些每天早出晚归的人不一定是认真工作的人,对他们来说,每天的工作可能是一种负担、一种逃避、一种苦役。他们是在工作中远离了"工作"。不愿意为此多付出一点，更没有将工作看成获得成功的机会。

因此，在任何时候，你都不能对工作产生厌恶感，或者把工作看成苦役。

即使你在选择工作时出现了偏差，所做的不是自己感兴趣的工作，也应当努力设法从乏味的工作中找出乐趣。要知道，凡是应当做而又必须做的工作，总不可能是完全无意义的，问题全在于你对待工作的认知，如果对工作表现出积极的态度，就可以使任何工作都变得有意义。

其实，只要你在心中将自己的工作看成一种享受，看成一个获得成功的机会，那么，工作上的厌恶和痛苦的感觉就会消失。不懂得这个道理，就无法获取成功与幸福。

一个人不管如何冥顽不灵，但只要是踏踏实实、埋头苦干，这个人便不致无可救药，只有把工作当成苦役才会永无希望。

许多老板，他们多年来一直在费尽心机地去寻找能够胜任工作的人，他们所从事的业务并不需要出众的技巧，而只是需要谨慎、朝气蓬勃与尽职尽责的工作态度。他们雇请的一个又一个员工，却因为粗心、懒惰、能力不足、没有做好分内之事而频繁遭到解雇。与此同时，社会上众多失业者却在抱怨现行的法律、社会福利和命运对自己的不公。

许多人无法培养一丝不苟的工作作风，原因在于贪图享受，好逸恶劳，把工作看成苦役，背弃了将本职工作做得完美无缺的原则。

有一位努力上进终获高薪要职的女性，她才上任短短几天，便开始高谈想去"愉快地旅行"。月底，她便因玩忽职守而遭解雇。所以，每个人都应该在心中立下这样的信念和决心：从事工作，必须不顾一切，尽自己最大的努力。如果你对工作不忠实，不尽力，把它当成一个苦役，那将贬损自己、糟蹋自己，更不会从工作中得到应有的乐趣。

把不满情绪放在脑后

在开始工作的那天,你就应调整自己对工作的态度,对自己说:工作是美好的,生活是美丽的,生命更是可贵的。

在社会生活中,许多涉世不深的年轻人常有这样的想法:自己辛苦地工作,而钱却进了老板的口袋。这种不平衡的心理导致了他们开始讨厌手头的工作,认为眼下的工作没有一点创造性,因此也就失去了兴趣。

有相当一部分人开始频频地抱怨上司的不重视或老板的尖酸刻薄。但仔细想一下,上司、老板并没有什么错,当初选择这份工作的人是你自己。无论你是通过自己的努力而应聘获得这份工作,还是通过种种的人际关系网好不容易被接纳在这里,都证明是你自己愿意的,没有人强迫或命令你必须这样做。

既然你选择了在某个老板手下做事,你就应该知道自己的职责和公司的制度。如果你不满意公司的规章制度,那唯一可行的方法就是你自己当老板,然后制定自己认为合理的制度,但这种可能性往往很小。另外,如果你实在无法忍受这种不平等、被忽视的待遇,你可以选择炒老板的鱿鱼,另谋高就。但你迟迟不能决定,目前仍然在从事眼下的工作,那就说明你很难找到合适的工作,或者你的上司、老板并不见得像你认为的那样苛刻。

除此之外,我们应站在老板的角度考虑,老板之所以用你,目的就是让你工作。如果你不乐意干,每天都有很多人在找事做,他完全可以聘用他人。那么,既然你没拒绝,你拿人家的薪酬,你就必须好好地做事情,这是一个人最基本的做人原则,也是品质和道德的问题。换一个角度想,如果你是老板,你是否会把薪水发给那些整天抱怨,又不踏实工作的员工呢?我想没有人会这样做。

因此,无论你目前的工作性质是什么,无论你是老板或是打工仔,这都是你自己的选择。你如果真的想做个成功者,就把目前的工作当作一项事业,不要眼高手低认为自己不应该把精力浪费在那些琐碎的小事情上。一个连小事都无法做好的人,又怎能去做轰轰烈烈的大事呢?

如何创造完美人生

很久很久以前,一位有钱人要出门远行,临行前他把仆人们叫到一起并把财产委托他们保管。依据他们每个人的能力,他给了第一个仆人十两银子,第二个仆人五两银子,第三个仆人二两银子。拿到十两银子的仆人把它用于经商并且赚到了十两银子。同样,拿到五两银子的仆人也赚到了五两银子。但是,拿到二两银子的仆人却把它埋在了土里。

过去了很长一段时间,他们的主人回来与他们结算。拿到十两银子的仆人带着另外十两银子来了,主人说:"做得好! 你是一个对很多事情充满自信的人,我会让你掌管更多的事情。现在就去享受你的奖赏吧!"

同样,拿到五两银子的仆人带着他另外的五两银子来了。主人说:"做得好! 你是一个对一些事情充满自信的人,我会让你掌管很多事情。现在就去享受你的奖赏吧!"最后拿着二两银子的仆人来了,他说:"主人,我知道你想成为一个强人,收获没有播种的土地,收割没有撒种的土地。但我很害怕,于是把钱埋在了地下。"主人回答道:"又懒又无能的人,你既然知道我想收获没有播种的土地,收割没有撒种的土地,那么你就应该把钱存到银行家那里,以便我回来时能拿到我的那份利息,然后再把它给有十两银子的人。我要给那些已经拥有很多的人,使他们变得更富有;而对于那些一无所有的人,甚至他们有的也会被剥夺。"这个仆人原以为自己会得到主人的赞赏,因为他没丢失主人给的那二两银子。在他看来,虽然没使金钱增值,但也没丢失,就算是完成主人交代的任务

了,然而他的主人却不这么认为。他不想让自己的仆人顺其自然,而是希望他们能主动些,变得更杰出些。

不要满足于尚可的工作表现,要做最好的,你才能成为不可或缺的人物。人类永远不能做到完美无缺,但是在我们不断增强自己的力量、不断提升自己的时候,我们对自己要求的标准会越来越高。这是人类精神的永恒本性。

对于我们来说,顺其自然是平庸无奇的。平庸是你我的最后一条路,为什么有可以选择的路时我们总是选择了平庸呢?如果你不可以在一年之外多弄出一天,那为什么不利用这 365 天呢?

为什么我们只能做别人正在做的事情?为什么我们不可以超越平庸?不要总说别人对你的期望值比你对自己的期望值高。如果哪个人在你所做的工作中找到失误,那么你就不是完美的,你也不需要去找借口。承认这些并不是你的最佳程度,而千万不要挺身而出去捍卫自己。当我们可以选择完美时,却为何偏偏选择平庸呢?

超越平庸,选择完美,这是一句值得我们每个人一生追求的格言。有无数人因为养成了轻视工作、马马虎虎的习惯,以及对手头工作敷衍了事的态度,终致一生处于社会底层,不能出人头地。

在某大型机构一座雄伟的建筑物上,有句很让人感动的格言,那句格言是:"在此,一切都追求尽善尽美。""追求尽善尽美"值得做我们每个人一生的格言,如果每个人都能用这句格言,实践这一格言,决心无论做任何事情,都要竭尽全力,以求得尽善尽美的结果,那么人类的福利不知要增进多少。

人类的历史,充满着由于疏忽、畏难、敷衍、偷懒、轻率而造成的可怕惨剧。在宾夕法尼亚的奥斯汀镇,因为筑堤工程没有照着设计去筑石基,结果堤岸溃决,全镇都被淹没,无数人死于非命。像这种因工作疏忽而引起悲剧的事实,在我们这片辽阔的土地上,随时都有可能发生。无论什么地方,都有人犯疏忽、敷衍、偷懒的错误。如果每个人都能凭着良心做事,并且不怕困难、不半途而废,那么不但可以减少不必要的惨祸,而且可使

每个人都具有高尚的人格。

养成了敷衍了事的恶习后,做起事来往往就会不诚实。这样,人们最终必定会轻视他的工作。粗劣的工作,就会造成粗劣的生活。工作是人们生活的一部分,做着粗劣的工作,不但使工作的效能降低,而且还会使人丧失做事的才能。所以,粗劣的工作,实在是摧毁理想、堕落生活、阻碍前进的仇敌。

要实现成功的唯一方法,就是在做事的时候,抱着非做成不可的决心,抱着追求尽善尽美的态度。世界上为人类创立新理想、新标准,扛着进步的大旗,为人类创造幸福的人,就是具有这样素质的人。无论做什么事,如果只是以做到"尚佳"为满意,或是做到半途便停止,那他绝不会成功。

有人曾经说过:"轻率和疏忽所造成的祸患不相上下。"许多年轻人之所以失败,就是败在做事轻率这一点上。这些人对于自己所做的工作从来不会做到尽善尽美。

大部分青年,好像不知道职位的晋升是建立在忠实履行日常工作职责的基础上的,不知道只有尽职尽责地做好目前所做的工作,才能使他们渐渐地获得价值的提升。

相反,许多人在寻找自我发展机会时,常常这样问自己:"做这种平凡乏味的工作,有什么希望呢?"可是,就是在极其平凡的职业中、极其低微的位置上,往往蕴藏着巨大的机会。只要把自己的工作做得比别人更完美、更迅速、更正确、更专注,调动自己全部的智力,从旧事中找出新方法来,才能令人刮目相看,使自己有发挥本领的机会,满足心中的愿望。

做完一件工作以后,你应该这样说:"我愿意做那份工作,我已竭尽全力、尽我所能来做那份工作,我更愿意听取人家对我的批评。"成功者和失败者的分水岭在于:成功者无论做什么,都力求达到最佳境地,丝毫不会放松;失败者无论做什么职业,都会轻率疏忽。

工作的质量往往会决定生活的质量。在工作中,你应该严格要求自己,能做到最好,就不能允许自己只做到次好;能完成百分之百,就不能只

完成百分之九十九。不论你的工资是高还是低,你都应该保持这种良好的工作作风。每个人都应该把自己看成一名杰出的艺术家,而不是一个平庸的工匠,永远带着热情和信心去工作。

改变自己的态度,用一些时间仔细想想如何调节自己的心态,然后使自己变得愉快。当你心情舒畅时,工作自然会全力以赴。

第四篇

知足和入迷并不冲突

谁说喜欢一样东西就一定要得到它？

有时候，有些人，为了得到他喜欢的东西，殚精竭虑，费尽心机，更有甚者可能会不择手段，以至走向极端。

也许他得到了他喜欢的东西，但是在他追逐的过程中，失去的东西也无法计算，他付出的代价是其得到的东西所无法弥补的。其实喜欢一样东西，不一定要得到它，因为有时候为了强求一样东西而令自己的身心都疲惫不堪，是很不划算的，有些东西是只可远观而不可近瞧的。

贪欲是人生大敌

从前有两个兄弟，他们自幼失去了父母，兄弟俩相依为命，家境十分贫寒。

他们俩终日以打柴为生，生活十分辛苦，但他们从来都不抱怨，而是起早贪黑，一天到晚忙个不停。生活中哥哥照顾弟弟，弟弟心疼哥哥。二人生活虽然艰苦，但日子过得还算舒心。

这一天，天上的神仙得知了他们二人的情况，决心下界去帮他们一把。这天清早，兄弟俩还未起床，神仙便来到了他们的梦中，对兄弟俩说："在远方有一座太阳山，山上撒满了金光灿灿的金子，你们可以前去拾取。不过一路艰难险阻，你们可要小心！另外，太阳山温度很高，你们只能在太阳未出来之前拾取黄金，否则等到太阳出来了，你们就会被烧死。"神仙说完就不见了。

兄弟二人从睡梦中醒来，心中很是兴奋。他们商量了一下，便启程去了太阳山。一路上，有时遇到毒蛇猛兽，有时遇到狼虫虎豹；有时狂风大作，有时电闪雷鸣，兄弟俩都能团结一致，最终斗败各种艰难险阻。不知过了多长时间，他们终于来到了太阳山。这时太阳还没有出来，"啊！漫山遍野的黄金，照得我眼睛都睁不开了。"弟弟一脸的兴奋，显然没有了长途跋涉的困顿与疲惫。哥哥看到后只是淡淡地笑了笑。

哥哥从山上捡了一块较大的金子装在了口袋里，下山去了。弟弟捡了一块又一块，就是不肯罢手。不一会儿整个袋子都装满了，弟弟还是不肯住手。太阳快出来了，可是弟弟却全然不顾。这时，他耳边又响起了神仙的警示："太阳快出来了，赶快回去吧！"弟弟却说："我好不容易见到这

么多金子,你就让我一次捡个够吧!"说完,他又忘我地捡了起来。

　　太阳出来了,太阳山的温度也在渐渐地升高。弟弟看到了太阳,急忙背着金子往回走,可是金子实在太重了,他的步履有些蹒跚,太阳越升越高,弟弟终于倒了下去,再也没有站起来。

　　哥哥回到家之后,用捡到的那块金子做本钱,做起了生意,后来成了远近闻名的大富翁。可弟弟却永远地留在了太阳山。

心灵悄悄话

　　贪婪像火,不去遏制会把自己烧死;私欲像水,不去遏制会把自己淹没。这句话有很深的哲理性,值得我们好好体会。一个人的正当生活要求应当满足,但贪婪和非分的欲望先是损害国家、集体、他人的利益,最终还回到自己的头上。

如何享受自己的生活

　　许多时候,我们感到不满足和失落,仅仅是因为觉得别人比我们幸运! 如果我们能够安心享受自己的生活,不和别人比较,在生活中就会减少许多无谓的烦恼。

　　下面这则寓言就生动地诠释了这个道理:

　　有一天,一个国王独自到花园里散步,使他万分诧异的是,花园里所有的花草树木都枯萎了,园中一片荒凉。后来,国王了解到,橡树由于没有松树那么高大挺拔,因此轻生厌世死了;葡萄哀叹自己终日匍匐在架上,不能直立,不能像桃树那样开出美丽可爱的花朵,于是也死了;牵牛花也病倒了,因为它叹息自己没有紫丁香那样芬芳;其余的植物也都垂头丧气,没精打采,只有最弱小的心安草在茂盛地生长。

　　国王问道:"小小的心安草啊,别的植物全都枯萎了,为什么你这小草这么勇敢乐观,毫不沮丧呢?"

　　小草回答说:"国王啊,我一点也不灰心失望,因为我知道,如果国王您想要一棵橡树,或者一棵松树、一丛葡萄、一株桃树、一株牵牛花、一棵紫丁香等,您就会叫园丁把它们种上,而我知道您希望于我的就是要我安心做小小的心安草。"

　　还有一个故事:

　　早晨5点,一只兔子出去为自己家的葡萄园雇工人。一个猴子争着

跑了过来。兔子与猴子议定一天 10 元钱,就派猴子干活去了。

7 点的时候,兔子又出去雇了山羊,并对他说:"你也到我的葡萄园里去吧! 一天我给你 10 元钱。"山羊就去了。

9 点和 11 点的时候,兔子又同样雇来了金鱼和麻雀。

下午 3 点的时候,兔子又出去,看见大象站在那里,就对大象说:"为什么你站在这里整天闲着?"

大象对他说:"因为没有人雇我。"

兔子说:"你也到我的葡萄园里去吧!"

到了晚上,兔子对他的下属说:"你叫所有的雇工来,分给他们工资,由最后的开始,直到最先的。"

大象首先领了 10 元钱。

最先被雇的猴子心想:大象下午才来,都挣 10 元钱,我起码能挣 40 元。可是,轮到他的时候,也是 10 元钱。

猴子立即就抱怨兔子,说:"最后雇的大象,不过工作了一个小时,而你竟把他与干了整整一天的我同等看待,这公平吗?"

兔子说:"朋友! 我并没有亏欠你,事先你不是和我说好了一天 10 元钱吗? 拿你的走吧,我愿意给这最后来的和给你的一样。难道你不许我拿自己的财物,以我所愿意的方式花吗? 或是因为我对别人好,你就眼红吗?"

心灵悄悄话

《牛津格言》中说:"如果我们仅仅想获得幸福,那很容易实现。但我们希望比别人更幸福,就会感到很难实现,因为我们对于别人幸福的想象总是超过实际情形。"

道德与享乐的关系

犹太人有一则关于道德与享乐之间关系的寓言,其中以比喻的方式表达了他们的一般看法。

有一艘船在航行途中遇到了强烈的暴风雨,偏离了航向。到次日早晨,风平浪静了,人们才发现船的位置不对,同时,大家也发现前面不远处有一个美丽的岛屿。船便驶进海湾,抛下锚,做暂时的休息。从甲板上望去,岛上鲜花盛开,树上挂满了令人垂涎的果子。一大片美丽的绿荫,还可以听见小鸟动听的歌声。于是,船上的旅客自然地分成了五组。

第一组旅客认为,如果自己上岛游玩时,正好出现顺风顺水,那就会错过起航的时机。所以不管岛上如何美丽好玩,他们坚持不登陆,守候在船上。

第二组旅客急急忙忙地登上小岛。他们走马观花地闻闻花香,在绿荫下尝过了水果,恢复精神之后,便立刻回到船上来。

第三组旅客也登陆游玩,但由于停留的时间过长,在刚好顺风之时,以为船要开走而慌慌张张地赶回船上来。结果,有的丢了东西,有的失去了好不容易才占下的理想位置。

第四组旅客虽然看到船员在起锚,但没看到船帆也在扬起,而且以为船长不可能扔下他们把船开走,所以,一直停留在岛上。直到船要起航之时,他们才心急慌忙地游到船边爬上船来。其中有些人为此受了伤,直到航行结束,也没有痊愈。

第五组旅客由于在岛上陶醉过度,没有听到启航的钟声,被留在了岛上。结果,有的被树林中的猛兽吞吃了,有的误食有毒的食物而生了病,

最后全部死在岛上。

　　故事中的船,象征着人生旅途中的善行,岛则象征快乐,各组的旅客象征对善行和快乐持不同态度的世人。

　　第一组的人对人生的快乐一点儿不去体会;第二组的人既享受了少许快乐,又没有忘记自己必须坐船前往目的地的任务,这是最贤明的一组;第三组的人虽然享受了快乐并赶回了船上,但还是吃了些苦头;第四组也勉强赶回船上,但伤口到目的地还没有愈合;人类最容易陷入的还是第五组,往往一生为了虚荣而活着,忘记将来的事而不知不觉吃下有毒的甜蜜果实。

心灵情情话

　　人类最容易陷入的还是第五组,往往一生为了虚荣而活着,忘记将来的事而不知不觉吃下有毒的甜蜜果实。适度享乐而不忘追求善行的人才是最贤明的。

从细微处体验快乐

一个人只有健康的身体还不够,能够有意识地去体验观察生活中每一刻宝贵的时光,才是人真正可贵的能力。

苏珊娜·弗莱尔是一位年轻的科隆女子,她由于患白血病于几年前去世。然而,一位名叫维尔纳·菲尔玛的人用摄影机追踪记录下了她走向死亡的过程。从那以后,菲尔玛才明白,生活意味着什么。

菲尔玛认识苏珊娜还是 1989 年春天的事。那时,曾经与病魔做了 4 年不懈斗争的她坚信自己已经战胜了缠身已久的绝症,并且开始着手计划未来美好的蓝图。菲尔玛想用一部电影表现她积极抗病、顽强求生的治疗过程,以此证明一个被顽症缠身的人如何能学会乐观积极地生活。

然而,就在此时,一个打击突然袭来,菲尔玛得到一个很糟的消息,"我的日子不多了,"苏珊娜在电话中对他说,"但我希望,我们能共同把这部电影拍完。我愿尽可能长时间地同你们在摄影机前交谈。"

放下电话,菲尔玛立刻带上摄影师和录音师赶到她家。她正坐在一张藤椅里,微笑着迎接他们,屋里阳光灿烂,芳香飘逸,这是一幅多么温馨恬静的生活画面呀!她的丈夫和孩子正在同她亲切地交谈。

也许由于心情紧张,有一刻菲尔玛有些手足无措,苏珊娜倒显得异常平静。"我享受着每一天宝贵的时光,好像从来还没有这么意识强烈,全心投入地去体验眼下一切美好事物,包括我们现在的会面。"她声音清晰愉悦,真诚、坦率地向他们展开了她全部的内心世界。

"现在才知道,爱的真正含义是什么。"苏珊娜说,"与我从前想象的

相比较,那是全然不同的一种感觉。就连性爱我也有着从前未曾体验的感受。现在对我来说,那是一种全身心的接近,两心相通、静静厮守的美妙感觉。"苏珊娜去世两周年前,她只能躺在科隆大学的病床上与菲尔玛等人交谈了。医院的主任大夫并没有阻止他们的会面。

通过这种会面,可以让尽可能多的人看到,一个人能够怎样明智乐观地面对死亡。在苏珊娜去世的前几天,菲尔玛曾经问起她:"假如命运允许您再重新活一次,您愿意做些什么呢?"她的回答可能会给所有人的生活开启一个全新的方向:

"我愿更多地和我自己生活在一起,每一天我要为自己留出一段可以独处的宝贵时光。更有意识地去观察体验自我和我身处的环境。"

苏珊娜·弗莱尔毫无惧色地告别了短暂人生,离开了这个世界。

与苏珊娜的会面,开启了菲尔玛对生活的思索,使他从中获得了积极的意义。

如今,菲尔玛已学会不再那样茫然无视生活中的分秒光阴、细微的事物了。当雨点滴答洒落在菲尔玛身上时,他会尽兴地在雨中散步;当樱桃花盛开的美妙时节,他会沉浸到自然中,痛痛快快地捕捉每一缕芬芳,尽情地享受一种孩童般的欢乐。

一个人只有健康的身体还不够,能够有意识地去体验观察生活中每一刻宝贵的时光,才是人真正可贵的能力。有了这种能力,我们才会于平淡的生活中找到快乐,我们的生活才会充满了欢笑。

心灵悄悄话

戴上墨镜,世界在你眼前就立即失去了光彩。个人的不幸往往是脆弱者观察生活的墨镜。对微小事物的仔细观察,就是事业、艺术、科学及生命各方面的成功秘诀。

态度决定生活质量

你是愿意好好享受人生,还是享受死后风光的葬礼? 不同的生活质量,源于不同的生活态度。

有一个青年问他的妈妈:"妈妈,您想做中国老太还是外国老太?"

妈妈说:"我老了以后自然是中国老太。外国老太是怎样的老太?"

青年说:"外国老太年轻的时候是漂亮的姑娘。大学毕业后,她找了一份收入稳定的工作。然后,她就向银行贷款买了别墅和车,又买了许多高档的生活用品,每月还利息,生活紧张充实而快乐。因为她有很好的居住条件,又有车代步,各种人生的乐趣她都尝尽了,等到她80岁临终的时候,恰好把银行的贷款全部还清了,她安然地闭上了眼睛。中国老太年轻的时候也是一个漂亮的姑娘,不同的是,她找到一份收入稳定的工作后,就开始积累储蓄,一年到头辛苦劳碌,不舍得吃穿享受,最后80岁时在病痛中死去。她的子女得到了她的遗产——一笔非常可观的银行存款,足够买大房、名车和许许多多的生活用品。孝顺的子女用存款中的一部分给中国老太举办了风光的葬礼,可是,她生前却没有享受过什么。妈妈,您要做中国老太还是外国老太呢?"

中国老太与外国老太的对比,其实是一种生活态度的对比。你是愿意好好享受人生,还是享受死后风光的葬礼? 不同的生活质量,源于不同的生活态度。从前有个磨坊主,他很爱金子。这种爱占据了他的整个身心,以至于变卖了他所有的其他东西来买回他所深爱着的金子。然后他

把所有的金子熔铸成一大块,把它埋到地里。每天黎明,他都急急忙忙赶到地里,把自己的这一大块光辉灿烂的金子挖出来,把玩欣赏一番。

有个小偷看到了磨坊主每天早上的举动。一天夜里,小偷挖出了磨坊主的宝贝。

第二天早上,磨坊主挖呀挖呀,但什么也找不到。他痛苦地号哭起来,哭声撕心裂肺,一位邻居过来看到底发生了什么可怕的事情。

当邻居听说是金子被偷了,就对磨坊主说:"你这么悲痛干什么? 你根本就没有金子,所以你什么也没有丢。现在你可以假想你还拥有着金子。就在你埋金子的地方埋一块石头吧,假想一下那石头就是你的财宝,这样你就会再次拥有金子。当你真的有金子时你从来就不用它,现在只要你决定还不用它,你就永远不会失去它。"

心灵悄悄话

心态若改变,态度跟着改变;态度改变,习惯跟着改变;习惯改变,性格跟着改变;性格改变,人生就跟着改变。我可以拿走人的任何东西,但有一样东西不行,这就是在特定环境下选择自己的生活态度的自由。

幸福在你的心中

麦克特别渴望幸福,于是他到处寻找幸福。

他先从知识里寻找,得到的是幻灭;他从旅行里寻找,得到的是疲劳;他从财富里寻找,得到的是争斗和忧愁;他从写作中寻找,得到的是劳累。难道知识、旅行、财富、写作,与幸福快乐绝缘吗? 答案当然是否定的。于是,麦克去请教一位哲人。这位有着丰富学识的哲人告诉他,幸福与自己的心态有很大的关系。但麦克却对哲人的话不大相信。

他继续寻找幸福,不过,他改变了自己的心态。

在火车站里,麦克看到一位中年男子走下列车后,径直来到一辆汽车旁,先吻了一下车内的妻子,又轻轻地吻了一下妻子怀中熟睡的婴儿——生怕把他惊醒。然后,一家人就开车离开了。这时,麦克感慨到:生活的每一个正常活动都带有某种幸福的成分。

有一个老人,在临死前对儿子说:

“孩子,我快死了,我希望你过上好日子。”

儿子说:“父亲,你告诉我,怎么才能使生活幸福?”

父亲答道:“你到社会上去吧,人们会告诉你找到幸福的办法。”

父亲死后,儿子就出发到外面的世界去找幸福了。他走到河边,看见一匹马在岸上走,这匹马又瘦又老。马问:“青年人,你到哪里去?”

“我去找幸福,你能告诉我怎么找吗?”

“小伙子,你听我说,”马回答道,“我年轻时只知道饮水,吃草籽,我甚至认为只要把头转到食槽里,就会有人把吃的东西塞进我的嘴里。除了吃以外,别的事我什么也不管,所以,当时我认为在这个世界上我是最

幸福的。可是现在我老了，主人把我丢弃了。所以我告诉你，青年时要珍惜自己的青春，千万不要像我过去那样，不要享受别人给你准备好的现成东西，一切都要自己干，要学会为别人的幸福而高兴，不要怕麻烦，这样，你就会永远感到幸福。"

青年继续走了下去。他走了很多路，在路上碰到了一条蛇。蛇问："小伙子，你到哪里去？"

"我到世界上去寻找幸福。你说，我到哪里去找呢？"

"你听我说吧，我一辈子以自己有毒液而感到自豪。我以为自己比谁都强，因为大家都怕我。我这种想法是不对的。其实大家都恨我，都要杀死我。所以，我也要避开大家，怕大家。你的嘴里也有毒液，所以，你要当心，不要用语言去伤别人，这样你就一辈子没有恐惧，不必躲躲闪闪，这就是你的幸福。"

青年又继续朝前走。走啊，走啊，他看见一棵树，树上有一只加里鸟——它的浅蓝色羽毛非常鲜艳、光亮。"小伙子，你到哪里去？"加里鸟问。

"我到世界上去寻找幸福，你知道什么地方能找到幸福吗？"

加里鸟回答说："小伙子，你听好，我给你讲。看来，你在路上走了很多日子了，你的脸上满是灰尘，衣服也破了，你已变样了，过路人要避开你了。看来，幸福同你是没有缘分了，你记住我的话：要让你身上的一切都显得美，这时你周围的一切也会变得美了，那时你的幸福就来了。"

青年回家去了，他现在明白：不必到别的地方去找幸福，幸福就在自己身边。

心灵悄悄话

人生的目的是获得幸福，而幸福大多是主观的，它原本就深植于人的心中，因此，我们没有必要去别处寻找幸福。

不要进入贪婪的怪圈

有贪婪心的人总希望得到更多，他不知满足，结果命运让他失去一切，贪心只会愚弄自己。每个人都希望自己命运变好，乞丐不该陷入渴求更好之中，有心追逐非分之想的名利哪能是进取呢，贪婪的人一定会栽跟头的。

据一个捉猴很有经验的猎人说，他捉猴有一个办法屡试不爽，就是在墙中夹个竹筒，在筒的一端放一个鸡蛋，猴子从竹筒中看见鸡蛋，便从竹筒里伸手去抓，手中握了个鸡蛋便不能从筒里缩回来，但猴子舍不得放下鸡蛋，往往是束手就擒，这比贪吃的鱼还愚蠢啊，鱼发现吞钩了还想往外吐，猴却舍不得放弃手中足以害命的鸡蛋。

有一天，一只狐狸走到一个葡萄园外，看见里面水灵灵的葡萄垂涎欲滴。可是外面有栅栏挡住，无法进入。于是，狐狸一狠心绝食三日，减肥之后，终于钻进葡萄园内饱餐一顿。当它心满意足地想离开葡萄园时，却发觉自己吃得太饱，怎么也钻不出栅栏。无奈，只好再饿肚三天，才钻了出来。

狐狸的故事颇像人生过程，人生就是一个赤条条地来，又赤条条地走的过程，积极进取值得称道，过分贪婪只会加快"赤条条地离去"的过程。

早在 1925 年，美国科学家麦开做了一个前无古人的老鼠实验：将一群刚断奶的幼鼠一分为二区别对待。

第一组享受"最惠国待遇"，予以充足的食物让其饱食终日。

第二组享受"歧视待遇"，只提供相当于第一组 60% 的食物以饿其体肤。结果大大出人意料：第一组老鼠难逾千日，未到中年就英年早逝；第

第四篇　知足和入迷并不冲突

115

二组饿老鼠寿命翻番,享尽高年方才寿终正寝,而且皮毛光滑,皮肤绷紧,行动敏捷。更耐人寻味的是其免疫功能乃至性功能均比饱老鼠略高一筹。

后经科学家触类旁通,扩大范围验及细菌、苍蝇、鱼等生物,又发现了惊人相似的一幕幕。

科学家通过不断的努力,得出结论认为:动物终其一生所消耗的能量有一个固定的限额,限额一旦用完就意味着生命永久停止,吃得多,限额就完成得早;吃得少,魂归地府也就慢些。

有贪婪心的人总希望得到更多,他不知满足,结果命运让他失去一切,贪心只会愚弄自己。

一股细细的山泉,沿着窄窄的石缝,叮咚叮咚地往下流淌,也不知过了多少年,竟然在岩石上冲刷出一个鸡蛋大小的浅坑,里面填满了黄澄澄的金砂,天天不增多也不减少。

有一天,一位砍柴的老汉来喝水,偶然发现了清澈泉水中闪闪的金砂。惊喜之下,他小心翼翼地捧走了金砂。从此,老汉不再受苦受累,过个十天半月的,就来取一次金砂,不用说,日子很快富裕起来。

老汉虽守口如瓶,但他的儿子还是跟踪发现了爹的秘密,他埋怨爹不该将这事瞒着,不然早发大财了⋯⋯

儿子向爹建议,拓宽石缝,扩大山泉,不就能冲来更多的金砂吗?爹想了想,自己真是聪明一世,糊涂一时,怎么没想到这一点?

说干就干,父子俩叮叮当当,把窄窄的石缝凿宽了,山泉比原来大了几倍,又凿大、凿深了坑。父子俩想到今后可得到更多的金砂,高兴得一口气喝光了一瓶老白干儿,醉成一团泥。此后,父子俩天天跑来看,却天天失望而归,金砂不但没增多,反而从此消失得无影无踪。

父子俩百思不得其解——金砂哪里去了呢?

富有"进取心"的父子俩聪明的结果只是竹篮打水一场空,其实真正的进取心是靠辛苦勤奋来换取更多的劳动果实,不通过自己的付出而有更高要求就是贪婪。进取心不会使人失去理智,而贪心却可使人像被猪

油蒙了心,变得愚蠢失常。

富翁家的狗在散步时跑丢了,于是在电视台发了一则启事:有狗丢失,归还者付酬金1万元。

送狗者络绎不绝,但都不是富翁家的。富翁太太说,肯定是真正捡到狗的人嫌给的钱太少。于是,富翁就把酬金改为2万元。

一位乞丐在公园的躺椅上打盹时捡到了那只狗,他第二天一大早就抱着狗准备去领酬金,却发现酬金已经变成了3万元。乞丐想了想后,又折回破窑洞,把狗重新拴在那儿。

在接下来的几天,乞丐一直在告示旁边,当酬金涨到使全城的市民都感到惊讶时,乞丐兴奋地返回他的窑洞去取狗。

可是那只狗已经死了,因为这只狗在富翁家吃的都是鲜牛奶和烧牛肉,对乞丐从垃圾桶里捡来的东西根本受不了。

心灵悄悄话

贪婪之心与进取之心虽有本质区别,但都表现为不满足于现状,都追求更多更好的东西。所以常有人把贪婪之心当成了进取之心,或拿进取心做贪婪的幌子,结果栽进贪婪的陷阱不能自拔。

第四篇 知足和入迷并不冲突

第五篇

积极心态才能激发潜能

　　成功是由那些抱有积极心态的人所取得的，并由那些以积极的心态努力不懈的人所保持。拥有积极的心态，即便遭遇困难，也可以获得帮助，事事顺心。永远不要听信那些习惯消极悲观看问题的人，保持积极乐观的心态。总是记住你听到的充满力量的话语，因为所有你听到的或读到的话语都会影响你的行为。拥有积极的心态，是一个成功者必备的素质。积极的心态，能够使人上进，能够激发人潜在的力量。拥有积极的心态，激发生命潜能，开创美丽人生，我们是幸福、快乐和富有的。

用积极的心态坦然面对一切

积极的心态是人人可以学到的,无论他原来的处境、气质与智力怎样。

拿破仑·希尔说,有些人似乎天生就会运用积极的心态(PMA),使之成为成功的原动力,而另一些人则必须学习才会使用这种动力,并且每个人都是能够学会发展积极的心态的。

但是,怎样培养和加强 PMA 呢?必须从以下几个方面做起。

(1).言行举止像你希望成为的人那样。许多人总是等到自己有了一种积极的感受再去付诸行动,这些人在本末倒置。积极行动会导致积极思维,而积极思维会导致积极的人生心态。心态是紧跟行动的,如果一个人从一种消极的心态开始,等待着感觉把自己带向行动,那他就永远成不了他想做的积极心态者。

(2).要心怀必胜、积极的想法。美国钢铁大王卡耐基说过:"一个对自己的内心有完全支配能力的人,对他自己有权获得的任何其他东西也会有支配能力。"当我们开始运用积极的心态并把自己看成成功者时,我们就开始成功了。

谁想收获成功的人生,谁就要当个好农民。我们绝不能仅仅播下几粒积极乐观的种子,然后指望不劳而获,我们必须不断给这些种子浇水,给幼苗培土施肥。要是疏忽这些,消极心态的野草就会丛生,夺去土壤的养分,直至庄稼枯死。

照看好生机勃勃的庄稼,别给野草浇水。正如《圣经》腓立比书第四章第八节所说的:"凡是真实的、可敬的、公平的、清洁的、可爱的、有美名

的,若有什么德行,若有什么称赞,这些事你们都要考虑。"

（3）.用美好的感觉、信心与目标去影响别人。随着你的行动与心态日渐积极,你就会慢慢获得一种美满人生的感觉,信心日增,人生中的目标感也越来越强烈。紧接着,别人会被你吸引,因为人们总是喜欢跟积极乐观者在一起。运用别人的这种积极响应来发展积极的关系,同时帮助别人获得这种积极态度。

（4）.使你遇到的每一个人都感到自己重要、被需要。一种你好我好大家好的局面就将形成。正如美国19世纪哲学家兼诗人拉尔夫·沃尔都·爱默生说的:"人生最美丽的补偿之一,就是人们真诚地帮助别人之后,同时也帮助了自己。"

使别人感到自己重要的另一个好处,就是反过来会使你自己感到重要。

在大多数情况下,你怎样对别人,别人就怎样对你,就像那个讲述两个不同的人迁移到同一小镇的故事一样。

第一个人到了市郊就在一个加油站停下来问一位职员:"这个镇的人怎么样?"

加油站职员反问:"你从前住的那个镇的人怎么样?"

第一个人回答:"他们真是糟透了,很不友好。"

于是加油站职员说:"我们这个镇的人也一样。"

过了些时候,第二个驾车人驶进同一加油站,问职员同一个问题:"这个镇的人怎么样?"

那个职员同样反问:"你从前住的那个镇的人怎么样?"

第二个人回答:"他们好极了,真的十分友好。"

加油站职员于是说:"你会发现我们这个镇的人完全一样。"

那个职员懂得,你对别人的态度跟别人对你的态度是一样的。

（5）.心存感激。在日常生活中,那些持有 NMA 心态的人常常抱怨:

父母抱怨孩子们不听话，孩子们抱怨父母不理解他们，男朋友抱怨女朋友不够温柔，女朋友抱怨男朋友不够体贴。在工作中，也常出现领导埋怨下级工作不得力，而下级埋怨上级不够理解自己，不能发挥自己的才能。他们对生活总是抱怨而不是一种感激。拿破仑·希尔认为，如果你常流泪，你就看不见星光，对人生、对大自然的一切美好的东西，我们要心存感激，人生就会显得美好许多。

有这么一句话："一个女孩因为她没有鞋子而哭泣，直到她看见了一个没有脚的人。"世间很多事情，常常是我们没有珍惜身边所拥有的，而当失去它时，才又悔恨。

（6）.学会微笑。微笑是上帝赐给人的专利，微笑是一种令人愉悦的表情。面对一个微笑着的人，你会感到他的自信、友好，同时这种自信和友好也会感染你，使你油然而生出自信和友好来，使你和对方亲切起来。微笑是一种含义深远的肢体语言，微笑是在说："你好，朋友！我喜欢你，我愿意见到你，和你在一起感到愉快。"微笑可以鼓励对方的信心，微笑可以融化人们之间的陌生和隔阂。当然，这种微笑必须是真诚的，发自内心的。正如英国谚语所说："一副好的面孔就是一封介绍信。"微笑，将为你打开通向友谊之门，如果我们想要发展良好的人际关系，建立积极的心态，那么我们非要学会微笑不可。

（7）.到处寻找最佳的新观念。有积极心态的人时刻在寻找最佳的新观念。这些新观念能增加积极心态者的成功潜力。正如法国作家维克多·雨果说的："没有任何东西的威力比得上一个适时的主意。"

有些人认为，只有天才才会有好主意。事实上，要找到好主意，靠的是态度，而不是能力。一个思想开放有创造性的人，哪里有好主意，就往哪里去。在寻找的过程中，他不轻易扔掉一个主意，直到他对这个主意可能产生的优缺点都彻底弄清楚为止。据说，世界最伟大的发明家之一托马斯·爱迪生的一些杰出的发明，是在思考一个失败的发明，想给这个失败的发明找一个额外用途的情况下诞生的。

（8）.放弃鸡毛蒜皮的小事。有积极心态的人不把时间精力花在小

事情上,因为小事使他们偏离主要目标和重要事项。如果一个人对一件无足轻重的小事情做出反应——小题大做的反应——这种偏离就产生了。以下这些对小事情的荒谬反应值得参考:

瑞典于1654年与波兰开战,原因是瑞典国王发现在一份官方文书中他的名字后面只有两个附加的头衔,而波兰国王的名字后面有三个附加头衔。

大约900年前,一场蹂躏了整个欧洲的战争竟然是因争吵而爆发的。

有人不小心把一个玻璃杯里的水溅在托莱侯爵的头上,就导致一场英法大战。

一个小男孩向格鲁伊斯公爵扔鹅卵石,导致瓦西大屠杀和三十年战争。

虽然我们每个人不大可能因为一点小事而发动一场战争,但我们肯定能因为小事而使自己周围的人不愉快。要记住,一个人为多大的事情而发怒,他的心胸就有多大。

(9). 培养一种奉献的精神。曾被派往非洲的医生及传教士阿尔伯特·施惠泽说:“人生的目的是服务别人,是表现出助人的激情与意愿。”他意识到,一个积极心态者所能做的最大贡献是给予别人。

前任通用面粉公司董事长哈里·布利斯曾这样忠告属下的推销员:“忘掉你的推销任务,一心想着你能带给别人什么服务。”他发现人们一旦思想集中于服务别人,就马上变得更有冲劲,更有力量,更加无法拒绝。说到底,谁能抗拒一个尽心尽力帮助自己解决问题的人呢?

布利斯说:“我告诉我们的推销员,如果他们每天早晨开始干活时这样想:‘我今天要帮助尽可能多的人。’而不是‘我今天要推销尽量多的货’,他们就能找到一个跟买家打交道的更容易、更开放的方法,推销的成绩就会更好。谁尽力帮助其他人活得更愉快、更潇洒,谁就实现了推销术的最高境界。”

给予别人成了一种生活方式。现在还无法预测给予所带来的积极结果。

拿破仑·希尔曾讲过关于一个名叫沙都·逊达·辛格的人的故事。

有一天,辛格和一个旅伴穿越高高的喜马拉雅山脉的某个山口,他们看到一个躺在雪地上的人。辛格想停下来帮助那个人,但他的同伴说:"如果我们带上他这个累赘,我们就会丢掉自己的性命。"

但辛格不能想象丢下这个人,让他死在冰天雪地之中。当他的旅伴跟他告别时,辛格把那个人抱起来,放在自己背上。他尽力背着这个人往前走。渐渐地辛格的体温使这个冻僵的身躯温暖起来,那人活过来了。过了不久,两个人并肩前进。当他们赶上那个旅伴时,却发现他死了——是冻死的。

在这个例子中,辛格心甘情愿地把自己的一切——包括生命——给予另外一个人,使他保存了生命。而他那无情的旅伴只顾自己,最后却丢了性命。

心灵情情话

每个人都有一种欲望,即感觉到自己的重要性,以及别人对他的需要与感激。这是我们普通人的自我意识的核心。如果你能满足别人心中的这种欲望,他们就会对自己,也对你抱积极的态度。

第五篇 积极心态才能激发潜能

没有什么是不可能的

　　永远也不要消极地认定什么事情是不可能的,首先你要认为你能,再去尝试、再尝试,最后你就发现你确实能。

　　对于变不可能为可能,拿破仑·希尔曾经用过一种奇特方法。年轻的时候,拿破仑·希尔抱着一颗当作家的雄心。要达到这个目标,他知道自己必须精于遣词造句,字词将是他的工具。但由于他小时候家里很穷,所接受的教育并不完整,因此,"善意的朋友"就告诉他,说他的雄心是"不可能"实现的。

　　年轻的希尔存钱买了一本最好的、最完全的、最漂亮的字典,他所需要的字都在这本字典里面,而他的意念是完全了解和掌握这些字。但是他做了一件奇特的事,他找到"不可能"这个词,用小剪刀把它剪下来,然后丢掉,于是他有了一本没有"不可能"的字典。以后他把他整个的事业建立在这个前提下,那就是对一个要成长,而且要成长得超过别人的人来说,没有任何事情是不可能的。

　　汤姆·邓普西就是将不可能变为可能的一个好例子。

　　汤姆·邓普西生下来的时候,只有半只脚和一只畸形的右手。父母从来不让他因为自己的残疾而感到不安。结果是任何男孩能做的事他也能做,如果童子军团行军 10 里,汤姆也同样走完 10 里。

　　后来他要踢橄榄球,他能把球踢得比任何在一起玩的男孩子远。

　　他要人为自己专门设计一只鞋子,参加了踢球测验,并且得到了冲锋队的一份合约。

但是教练却尽量婉转地告诉他，说他"不具有做职业橄榄球员的条件"，促请他去试试其他的职业。最后他申请加入新奥尔良圣徒球队，并且请求给他一次机会。教练虽然心存怀疑，但是看到这个男孩这么自信，对他有了好感，因此就收了他。

两个星期之后，教练对他的好感更深，因为他在一次友谊赛中踢出55码远得分。这种情形使他获得了专为圣徒队踢球的工作，而且在那一季中为他的一队踢得了99分。

然后到了最伟大的时刻，球场上坐满了66000名球迷。球是在28码线上，比赛只剩下了几秒钟，球队把球推进到45码线上，但是根本就可以说没有时间了。"邓普西，进场踢球。"教练大声说。

当汤姆进场的时候，他知道他的队距离得分线有55码远，由巴第摩尔雄马队毕特·瑞奇踢出来的。球传接得很好，邓普西一脚全力踢在球身上，球笔直地前进。但是踢得够远吗？66000名球迷屏住气观看，接着终端得分线上的裁判举起了双手，表示得了3分，球在球门横杆之上几英寸的地方越过，汤姆一队以19比17获胜。球迷狂呼乱叫，为踢得最远的一球而兴奋，这是只有半只脚和一只畸形的手的球员踢出来的！

"真是难以相信。"有人大声叫，但是邓普西只是微笑。他想起他的父母，他们一直告诉他的是他能做什么，而不是他不能做什么。他之所以创造出这么了不起的纪录，正如他自己所说的："他们从来没有告诉我，我有什么不能做的。"

心灵悄悄话

我们不建议你从字典里把"不可能"这个词剪掉，而是建议你要从心中把这个观念铲除掉。谈话中不提它，想法中排除它，态度中去掉它、抛弃它，不再为它提供理由，不再为它寻找借口，把这个字和这个观念永远地抛弃，而用光辉灿烂的"可能"来替代它。

积极培养乐观精神

生活中的变化是很正常的,每一次发生变化,总会遭遇到陌生及预料不到的意外事件。不要躲起来,使自己变得更懦弱。相反,要敢于去应付危险的状况,对你未曾见过的事物,要培养出信心来。

为了培养乐观的精神,就必须注意培养乐观的步骤:

(1).不要做一个受制于自我的困兽,冲出自制的樊笼,做一只翱翔的飞鹰吧!只要是抱着乐观主义,必定是个实事求是的现实主义者。而这两种心态,是解决问题的孪生子。当我们帮助朋友时,不要只着重分担他的痛苦和说些愚昧的话。如果要建立亲密的关系,就必须有共同的人生价值和目标。

(2).当情绪低落时,不妨去访问孤儿院、养老院、医院,看看世界上除了自己的痛苦之外,还有多少不幸。如果情绪仍不能平静,就积极地去和这些人接触;和孩子们一起散步游戏,把自己的情绪,转移到帮助别人身上,并重建自己的信心。通常只要改变环境,就能改变自己的心态和感情。

(3).听听愉快、鼓舞人的音乐。不要去看早上的电视新闻。你只要瞄一眼《华尔街日报》第一版的新闻就够了,它足以让你知道将会影响你生活的国际或国内新闻。看看与你的职业及家庭生活有关的当地新闻。不要向诱惑屈服,而浪费时间去阅读别人悲惨的详细新闻。在开车上学或上班途中,听听电台的音乐或自己的音乐带。

如果可能的话,和一位积极心态者共进早餐或午餐。晚上不要坐在电视机前,要把时间用来和你所爱的人聊聊天。

（4）.改变你的习惯用语。不要说："我真累坏了！"而要说："忙了一天,现在心情真轻松！"不要说："他们怎么不想想办法？"而要说："我知道我将怎么办。"不要在团体中抱怨不休,而要试着去赞美团体中的某个人。不要说："为什么偏偏找上我,上帝！"而要说："上帝,考验我吧！"不要说："这个世界乱七八糟！"而要说："我要先把自己家里弄好。"

（5）.重视你自己的生命。不要说："只要吞下一口毒药,就可获得解脱。"不妨这样想："PMA 将协助我渡过难关。"你所交往的朋友,你所去的地方,你所听到或看到的事物,全都记录在你的记忆中。由于头脑指挥身体如何行动,因此你不妨从事高级和最乐观的思考。人们问你为何如此乐观时,请告诉他们,你情绪高昂是因为你服用了"安多芬"。

（6）.从事有益的娱乐与教育活动。观看介绍自然美景、家庭健康以及文化活动的录像带。

挑选电视节目及电影时,要根据它们的质量与价值,而不是注意商业吸引力。

（7）.在幻想、思考以及谈话中,应表现出你的健康情况很好。每天对自己做积极的自言自语,不要老是想着一些小毛病,像伤风、头痛、刀伤、擦伤、抽筋、扭伤以及一些小外伤等。如果你对这些小毛病太过注意了,它们将会成为你最好的朋友,经常来"问候"你。你脑中想些什么,你的身体就会表现出来。在抚养及教育孩子时,这一点尤其重要,要专门想着家庭的好处,注意家庭四周的健康环境。曾经有一些父母,比其他人更关心孩子的健康与安全,反而使他们的孩子变成了精神病患者。

心灵悄悄话

最不足以交往的朋友,是那些悲观主义者和一些只会取笑他人的人。真正的朋友,该是"没有什么大不了,只是有些不方便而已"这种类型的人。

用自动提示语调动心态

积极心态的自动提示语是不固定的,只要是能激励我们积极思考、积极行动的词语,都可以作为自我提示语。拿破仑·希尔曾列举一些有重要意义的提示语,以供参考:

人的心神所能构思而确信的,人便能完成它。

如果相信自己能够做到,你就能够做到。

我心里怎样思考,就会怎样去做。

在我生活的每一方面,都一天天变得更好而又更好。

现在就做,便能使异想天开的梦变成事实。

不论我以前是什么人,或者现在是什么人,如果我凭 PMA 行动,我就能变成我想做的人。

我觉得健康!我觉得快乐!我觉得好得不得了!

如果我们经常使用这一类自我激发性的语句,并融入自己的身心,就可以保持积极心态,抑制消极心态,形成强大的动力,达到成功的目的。

如下列举的是一些消极的心态:

(1). 愤世嫉俗,认为人性丑恶,时常与人为忤,因此缺乏人和;

(2). 没有目标,缺乏动力,生活浑浑噩噩,有如大海漂舟;

(3). 缺乏恒心,不晓自律,懒散不振,时时替自己制造借口去逃避责任;

(4). 心存侥幸,空想发财,不愿付出,只求不劳而获;

(5). 固执己见,不能容人,没有信誉,社会关系不佳;

(6). 自卑懦弱,自我压缩,不敢信任本身潜能,不肯相信自己的智慧；

（7）.或挥霍无度，或吝啬贪婪，对金钱没有中肯的看法；

（8）.自大虚荣，清高傲慢，喜欢操纵别人，嗜好权力游戏，不能与人分享；

（9）.虚伪奸诈，不守信用，以欺骗他人为能事，以蒙蔽别人为雅好。

要知道，消极心态像恶魔一样阻碍着你的成功之旅。另外，下面还有两种心态足以"阻延"和"拖垮"你的行动：

（1）.过分谨慎，时常拖延，不能自我确定，未敢当机立断；

（2）.恐惧失败，害怕丢脸，不敢面对挑战，稍有挫折即退。

显然，这两种心态，使人意气消沉、态度消极，即使具有成功欲念，也无胆量、勇气进行下去。因而，也不会相信自己真正有成功的一天。

一个被"消极心态"困扰的人，纵然嘴中可能时常在念叨成功，但就是不能成功，因为他们心中充满着恐惧，这些恐惧让他们泯灭了成功的灵气。

人生中不可避免地会产生恐惧现象，因为人不可能是停止思考的静物。拿破仑·希尔描述了人类通常具有的 7 种基本恐惧，这些恐惧是：

（1）惧怕贫穷；

（2）惧怕批评；

（3）惧怕疾病；

（4）惧怕失去爱；

（5）惧怕年老；

（6）惧怕失去自由；

（7）惧怕死亡。

其实，它们都是消极的心态，都深藏在潜意识中，直接影响着你的成功。如果你的潜意识中充满这些消极因素，而你又没有决心去克服掉它们，你的生命就只能永远"不由自主"地"呈现"这种状态。

你必须培养积极心态，以使你的生命按照你的意思提供报酬，没有了积极心态就无法成就大事。

记住,你的心态是你——而且只有你——唯一能完全掌握的东西,练习控制你的心态,并且利用积极心态来引导它。

*切断和你过去失败经验的所有关系,消除你脑海中和积极心态背道而驰的所有不良因素。

*找出你一生中最希望得到的东西,并立即着手去得到它,借着帮助他人得到同样好处的方法,去追寻你的目标。如此一来,你便可将多付出一点点的原则,运用到实际行动之中。

*确定你需要的资源之后,便制订得到这些资源的计划,然而所订的计划一定不要太过度,也不要太不足,别认为自己要求得太少。记住:贪婪是使野心家失败的最主要因素。

*培养每天说或做一些使他人感到舒服的话或事,你可以利用电话、明信片或一些简单的善意动作达到此目的。例如给他人一本励志的书,就是为他带来一些可使他的生命充满奇迹的东西。日行一善,可永远保持无忧无虑的心情。

*使你自己了解打倒你的不是挫折,而是你面对挫折时所抱的心态,训练自己在每一次不如意中,都能发现和挫折等值的积极面。

*务必使自己养成精益求精的习惯,并以你的爱心和热情发挥你的这种习惯,如果能使这种习惯变成一种嗜好那是最好不过的了。如果不能的话,至少你应记住:懒散的心态,很快就会变成消极心态。

*当你找不到解决问题的答案时,不妨帮助他人解决他的问题,并从中找寻你所需要的答案。在你帮助他人解决问题的同时,你也正在洞察解决自己问题的方法。

*彻底地"盘点"一次你的财产,你会发现你所拥有的最有价值的财产就是健全的思想,有了它你就可以自己决定自己的命运。

*和你曾经以不合理态度冒犯过的人联络,并向他致以最诚挚的歉意,这项任务越困难,你就越能在完成道歉时,摆脱掉内心的消极心态。

*我们在这个世界上到底能占多少空间,是和我们为他人利益所提供之服务的质与量,以及提供时所产生的心态,成正比例的关系。

*改掉你的坏习惯,连续一个月每天禁绝一项恶习,并在一周结束时反省一下成果。如果你需要顾问或帮助时,切勿让自尊心使你却步。

*要知道自怜是独立精神的毁灭者,请相信你自己才是唯一可以随时依靠的人。

*把你一生当中所发生的所有事件,都看作激励你上进而发生的事件,尤其是从失败中吸取教训,这样即使是最悲伤的经验,也会为你带来最多的财产。

*放弃想要控制别人的念头,在这个念头摧毁你之前先摧毁它,把你的精力转而来控制你自己。

*把你的全部思想用来做你想要做的事,而不要留半点思维空间给那些胡思乱想的念头。

*借着每天的祈祷,加入感谢你已拥有的生活来调整你的思想,以使它为你带来你想要的东西和相处的环境。

*向每天的生活索取合理的回报,而不要光等着回报跑到你的手中,你会因为得到许多你所希望的东西感到惊讶万分,即使你可能一直都没有觉察到。

*以适合你生理和心理的方式生活,别浪费时间以落他人之后。

*除非有人愿意以足够证据,证明他的建议具有真正的可靠性,否则别接受任何人的建议,你将会因谨慎而避免被误导,或被当成傻瓜。

*务必了解人的力量并非全然来自物质。甘地领导他的人民争取自由所依靠的并非财富。

*使自己多参加活动以保持自己的健康状态,生理上的疾病很容易造成心理上的失调,你的身体应和你的思想一样保持活动,以维持积极的行动。

*增加自己的耐性,并以开阔的心胸包容所有事物。同时也应与不同种族和不同信仰的人多接触,学习接受他人的本性,而不要一味地要求他人照你的意思行事。

*你应承认,"爱"是生理和心理疾病的最佳药物,爱会改变并调适

你体内的化学元素,使它们有助于你表现出积极心态,爱也会扩展你的包容力。接受爱的最好方法就是付出自己的爱。

*以相同或更多的价值回报给予你相处的人。"报酬增加律"最后还会给你带来好处,而且可能会为你带来所有你应得到的东西的能力。

*记住,当你付出之后,必然会得到等价或更高价的东西。抱着这种念头,可使你驱除对年老的恐惧。一个最好的例子就是,青春消逝,但换来的却是智慧。

*你要相信你可以为所有的问题找到适当的解决方法,但也要注意你所找到的解决方法,未必都是你想要的解决方法。参考别人的例子,提醒自己任何不利情况都是可以克服的。虽然爱迪生只接受过三个月的正规教育,但他却是最伟大的发明家。虽然海伦·凯勒失去了视觉、听觉和说话能力,但她却鼓舞了数万人。明确目标的力量必然胜过任何限制。

*对于善意的批评应采取接受的态度,而不应采取消极的反应,接受学习他人如何看待你的机会,利用多种机会做一番反省,并找出应该改善的地方,别害怕批评,应勇敢地面对它。

*和其他献身于成功原则的人组成智囊团,讨论你们的进程,并从更宽广的经验中获得好处,务必以积极面作为基础进行讨论。

*分清楚愿望、希望、欲望以及强烈欲望,与达到目标之间的差别,其中只有强烈的欲望会给你驱动力,而且积极的心态才能供给产生驱动力所需要的燃料。

*避免任何具有负面意义的说话形态,尤其应根除吹毛求疵、闲言闲语或中伤他人名誉的行为。这些行为会使你的思想朝向消极面发展。

*锻炼你的思想,使它能够引导你的命运朝着希望的方向发展,把握住"报酬"信封里的每一项利益,并将它们据为己有。

*随时都应表现出真实的自己,没有人会相信骗子的。

*相信无穷智慧的存在,它会使你产生为掌握思想和引导思想而奋斗所需要的所有力量。

*相信你所拥有的解放自己并使自己具备自决意识的能力,并借着

这种信心作为行事基础将它运用到工作上,现在就开始做!

　　*相信政府,可保证你为了追求明确目标需要的自由和权利,必要时你应采取行动保护你的自由。

　　*信任与你共事的人,并承认如果与你共事的人不值得信任时,就表示你选错人了。

　　*最后连续6个月每周阅读本章一次。6个月之后你将会脱胎换骨。当你学会本章所要求的良好习惯调适好你的思想之后,你的心态便会随时处于积极状态。

心灵悄悄话

> 　　一些重要的激发词还应当经常使用,并牢记于心,让它们成为心神的一部分。那样,潜意识才会闪射到意识中来,用 PMA 指导人的思想,控制感情,决定命运。

激励可以改变心态

激励的含义

"激励"意味着什么?《韦氏新世界英语词典》说这个词的意思是"向别人提供积极性或以积极性影响别人",而"积极性"一词意思是"促使一个人做事或以某种方式行事的内心的动力、冲劲或意欲"。所以,激励涉及如何激发一个人内心深处的东西即潜能。

现在人们似乎希望一种外力可使自己和周围的人朝着预定方向前进。但凡是由外力促成的行为,都不可能持久。这就像一辆汽车,有时有汽油,有时没有。汽油用完了,汽车要人推才能走,一不推,汽车马上失去动力,很快便停下来。但如果油箱中汽油常常是满的,车内的发动机就能不停地驱动汽车前进,几乎没有尽头。

因此,安东尼·罗宾指出,要想成功,你必须学会调动别人内心深处的积极性让他们发挥潜能,你必须"给他们的油箱加油"。在一次调查中,要求 70 位心理学家说出主管人员必须懂得的人性中的最关键的东西,有 65% 的人说"积极性",就是使人行动起来的那种感受和认识。如果你不能调动别人的积极性,你就不能领导他们。如果你领导不了别人,那么你想做的一切事情都要由自己独立完成。

丁克威就是一个善于激励别人的人。

丁克威在南加大任篮球教练长达 39 年。其间培养了 21 位国家级球员,帮球队赢得全国冠军,球队中有 13 名世界纪录保持者及数十位奥林匹克金牌得主。他的秘诀在善于鼓励人,发掘人的长处,强调人的动力。

有一年在太平洋区的田径赛中,他带队参加 4 人接力赛决赛。队员先前在个人赛中都不幸败北,士气低落,并且只有一名是专跑接力的。他把 4 名队员召集在一起,决定对每一位加以真诚的鼓励。

他告诉第一位,他劲力够,一定会冲过别队队员;第二位擅长障碍赛,因此在无障碍的接力赛中定能轻松超越;第三位是长跑接力,现在只跑 1/4 里更能胜任;对第四位他说:"你是顶尖的,跑给他们看!"队员奋力一试,果然夺得冠军。

鼓励胜于责难,丁克威的成功即在于此。做一个激励他人的人,做一个激发他人潜能的人,你就会无往不利。

激励造就人才

父母经常激励孩子,这一点我们是从托马斯·爱迪生和他的母亲那儿认识到的。旁人对一个小孩的信任能使这个孩子信任他自己。当这个孩子感觉到他是完全沉浸在温暖而可靠的信任中时,他就会干得很出色。他不会费尽心机地去保护自己免遭失败的伤害。相反,他将全力地探索成功的可能性。他的心情是舒畅的。信任已经大大地影响了他——使得他把自己内在的最美好的东西发挥出来了。爱迪生说:"我的母亲造就了我。"成功学家拿破仑·希尔在这方面也有亲身的体验。关于这一点,他曾这样说过:"当我是一个小孩时,我被认为是一个应该下地狱的人。无论何时出了什么事,诸如母牛从牧场上放跑了,或堤坝破裂了,或者一棵树被神秘地砍倒了,人人都会怀疑:这是小拿破仑·希尔干的。

"而且,所有的怀疑竟然都还有什么证明哩!我母亲死了。我父亲

和弟兄们都认为我是恶劣的,所以我便真正是颇为恶劣的了。有一天,我的父亲宣布:他即将再婚。我们大家都很担心我们的新'母亲'是哪一种人。我本人断然认为即将来我们家的新母亲是不会给我一点同情心的。这位陌生的妇女进入我们家的那一天,我父亲站在她的后面,让她自行应付这个场面。她走遍整个房间,很高兴地问候我们每一个人——就是说直到她走到我面前为止。我直立着,双手交叉着叠在胸前,凝视她,我的眼中没有丝毫欢迎的表露。

"我的父亲说:'这就是拿破仑,是希尔兄弟中最坏的一个。'我绝不会忘记我的继母是怎样对我说那句话的。她把她的双手放在我的两肩上,两眼闪耀着光辉,直盯着我的眼,她使我意识到我将永远有一个亲爱的人。她说:'这是最坏的孩子吗?完全不是。他恰好是这些孩子中最伶俐的一个,而我们所要做的一点,无非是把他所具有的伶俐品质发挥出来。'我的继母总是鼓励我依靠自身的力量,制订大胆的计划,坚毅地前进。

"后来证明这种计划就是我的事业支柱。我绝不会忘怀她教导我:'当你去激励别人的时候,你要使他们有自信心。'"

也许有人会说,像希尔这种行为恶劣的人居然能成为成功学的始祖,但这就是事实。是他的继母造就了他。因为她深厚的爱和不可动摇的信心激励着希尔,使他努力成为她相信他能成为的那种孩子。

由此可见,任何人,只要深谙激励之道,都可以造就奇迹,造就人才。

心灵悄悄话

　　人和激励的关系也是这样。没有激励,人就很难动起来,更不可能鼓起冲劲,也就很难发挥潜能。但如果一个人不停地受激励驱动,他就能永远前进。

要学会赞美激励别人

记住：要学会称赞别人。

莎士比亚曾经说过这样一句话："赞美是照在人心灵上的阳光。没有阳光，我们就不能生长。"心理学家威廉姆·杰尔士也说过这样一句话："人性最深切的需求就是渴望别人的欣赏。"在人与人的交往中，适当地赞美对方，会增强这种和谐、温暖和美好的感情。你存在的价值也就被肯定，使你得到一种成就感。丘吉尔说过："你要别人具有怎样的优点，你就要怎样地去赞美他。"实事求是，而不是夸张赞美，真诚的而不是虚伪的赞美，会使对方的行为更增加一种规范。同时，为了不辜负你的赞美，他会在受到赞美的这些方面全力以赴。赞美具有一种不可思议的推动力量，对他人的真诚赞美，就像荒漠中的甘泉一样让人心灵滋润。许多杰出的音乐歌唱者或运动员之所以在后来的专业领域中能大放异彩，大多是年幼时参与歌唱运动等活动表现优异时，受到赞赏，激发出一股自信与冲劲而引发出潜力的。

因此在生活和工作当中，我们也应该这样，以鼓励代替批评，以赞美来启迪人们内在的动力，自觉地克服缺点，弥补不足，这比你去责怪，比你去埋怨会有效得多。这样将会使人们都怀着一种积极的心态，创造出一种和谐的气氛，而有利于事业的成功和生活的幸福。由衷的赞美所带给对方的愉快及被肯定的心情，也使你分享了一份喜悦和生活的乐趣。

贝克斯特是个测谎专家，1966 年有一天下班之后，他心血来潮留在办公室做研究。他将植物的叶梢衔接在有记录器显示的测谎器上，然后在植物根部加水试验其反应。

结果记录器上显示无反应,接着贝克斯特摘下其中的一片叶子放进热咖啡中,叶子还是没有反应。于是他决定烧掉这片叶子。

烧掉这片叶子的念头,刚在内心萌生,记录器上却已出现急剧的改变,记录器上的笔如失去控制般地往上延伸。从此之后,贝克斯特和其他人便将对植物生态的理论研究,延伸到人类的感情和心态上。结果证明植物的反应随照顾者的态度而有所不同。如果得到称赞和赞美,它们会显得欣欣向荣,但是如果受到隔离和责难,它们便生长得不好,显得有病的样子。

如果人类对植物的影响确实如此,那么人与人之间的影响力量更大!菲利浦·布鲁克是这么说的:"夸奖任何工作'做得好',可以产生我们意想不到的效果。"西塞罗在著作中写道:"我们都会为爱的礼赞而感到兴奋不已。"

赞美可以激励别人发挥他们的潜能、实现他们的理想,可以建立他们的信心,并使他们成长。有一位心理学家曾经这样说过:"抚育孩子没有其他窍门,只要称赞他们。当他们把饭吃完时,赞美他们;画了一幅画之后,也赞美他们;当他们学会骑自行车时,也赞美他们,鼓励他们。"

有人说一个人活着,就是为了避免惩罚或为了得到奖赏。赞美就是对别人付出的一种报偿,赞美对人类的行为是一种激励与鼓舞。

在某大学中曾经进行过一项实验,所有学生被分为三组。第一组学生经常受到鼓励和赞美,第二组学生任其自由发展,第三组学生除了受批评之外无其他态度。结果任由发展的一组进步最小,受批评的一组有一点进步,但是受赞美的一组表现最为突出!汤姆是一位优秀教师,他就经常赞美他的学生,结果每位学生的表现都很令人满意,而且也懂得赞美别人。

赞美除了可以使每个人感觉愉快之外,也可以表现出一个人的特质。有一位学生在朋友赞美他的笑容之后,兴奋地表示:"我认识那个人已经有 15 年了,这是他第一次注意到我的笑容!"为什么会这样呢?为什么一般人总是吝于赞美别人呢?有人曾经对一群结过婚的夫妇,做过一次研

讨会,要求每个人写下他另一半的任何 15 项优点。主持人同时提供一点奖励,给第一个完成这个课题的人。

不久,有一个人站起来递给主持人他完成的资料。

整个研讨会最令人感叹的是,有些人竟然连一个字也没写出来。

多么可悲的婚姻关系啊!两个人长年累月相处在一起,竟然写不出一点对方的好处!当天晚上主持人回家之后,立刻拿笔写出他太太的 67 项优点。这么做可以像一个作家一样,永远获得欣赏,而且永远不朽。因为他可以丢掉他所写的作品和未完成的草稿,但他却永远不会丢掉记载她优点的那一页!所以你不妨试一试!学主持人一样记下你家人的优点,并带领他们也这么做,请他们至少互相列举彼此的 15 项优点,或者比赛看谁列得多。然后再将这项活动带到你工作的地方,让每个人都一起来做这件事。你会发现,这种活动适合在教堂的聚会或主日学校中进行。

当众表扬一个人,效果就会成倍增加。这个人不但会更努力地干,而且得到了很好的荣誉。这样做不仅提高了他在众人心目中的地位,还能调动起大家的积极性,向他学习。

心灵悄悄话

没什么东西比表扬更能启动人的积极性。我们怎么期待别人,别人就怎么回应。我们夸奖一个人干得好,他就会更加努力,希望自己干得更好。

爱可以激励别人

爱可以激励别人，一位新娘就曾经用爱激励过她那垂死的丈夫。

那是在 1967 年的 1 月。一天，西德南部的一个煤矿发生塌垮事故，有 13 人埋在坑道里，矿工家属们拥挤在矿坑口喊叫着"我丈夫怎么样啊？""我父亲还活着吧？快点救呀！"这些母亲、妻子、儿女、兄弟姐妹，他们都诚恳地向上帝祷告：救救我们家那个干活的人吧！他们哭喊着，对正在进行的救助工作投以全部希望。

这时，联络线传来消息："13 个人中有 12 名平安无事。有 12 个人平安无事啦。"接着，他念出了 12 个人的名字。家属们松了一口气。

"啊，这可太好啦！"可是，一名叫布列希特的青年矿工的名字，在幸存者的名单中却没有念到。他那年轻的妻子叫着，嘴唇颤抖，强忍悲痛。

"我丈夫布列希特不行了吗？""不，还不能这么说，呼喊他的名字啦，没得到回答。还不知道在什么地方，所以，情况还没最后弄清。请不要灰心，直到最后也要把他救出来。"救助队的负责人眼望这位刚刚结婚的妙龄新娘，怜悯之情油然而生。

"我相信布列希特一定活着，无论如何也要把他救出来！"这位少妇两只盈满泪水的大眼睛里，透出一种强烈的愿望，充满了对救护队长的哀求之意。

她坚定地相信丈夫还活着，把全部思念之情倾注在坑道里的丈夫身上。

她对着地下坑道念叨着："你要振作精神活下去呀，为了你和我。你不能死。他们一定会救出你的。"这位布列希特，在矿坑塌陷的一刹那间,仓皇逃跑弄错了方向,和其他人失散了。所以独自一人被埋在坑道间隙的一小块场地里,加上被隔离的地方与地面联络线路相距很远,所以,他就像深锁在孤独的密室里一样,与外界完全断绝了。他在 600 米的地下,强忍着饥饿和阴暗环境的侵袭,费尽心力,使他那生命之灯继续点燃下去。

事故发生后,已经过了整整 13 个小时之久。

突然,在他耳边出现了他妻子的声音,虽然声音很小,但还能依稀可辨。

"你要挺住! 要活下去! 他们一定会救出你的。"啊,这是多么清晰而亲切的声音,爱人在呼唤着自己! 我不能死,要活下去! 布列希特深锁在黑暗塌坑里,一直用妻子的鼓励支撑着他那即将衰竭的气力。

他的妻子在坑外心急如焚。她不断地向地下的丈夫呼叫,对周围人们轻蔑的表情和不可思议的目光毫不理睬。她坚定地相信,自己的声音一定能传给坑道内的丈夫。抢救工作格外困难,由于抢救不及时,原来幸存的 12 个人被抬出坑口的时候,已经是 12 具尸体。他们的家属悲痛欲绝,号啕大哭。只剩下布列希特一个人。到第六天,奇迹出现了:他被救出来时仍然活着。

"我能在黑暗的矿坑里活到现在,全靠妻子的鼓励。"青年矿工以充满对心爱妻子的感激之情向人们诉说着。

心灵悄悄话

你若是想改变自己做事的能力,那么就改变自己当时身心所处的状态,这样便可以把蕴藏的无限潜能一一发挥出来,做出惊人的成绩。

如何用积极心态激发潜能

人的能力是无限的。

想一想,同一个人,如果是文盲,那他可能仅仅是一个体力劳动者,比如砖厂工人;如果他曾经读过一些书,那他可能就是一个技术工人,比如机器修理工;如果他读了更多的书,那他可能就是一个高级技工或管理者,比如工程师、医生、经理或市长;如果他读的书足够多,那么他可能是一个对国家举足轻重的科学家。

想一想,同一个人,假若他心态好,他就可能多读书,从而开发自己更多的潜能。

再想一想,读了许多书的同一个人,假若他心态消极,那么他可能整天无所事事,最终一无所成;假若他心态尚可,他也会勤勤恳恳地工作,从而也能做一个不错的职员或小领导;假若他拥有非常积极进取的良好心态,他就可能努力工作,在业余时间不断充电,提高自己,平时注意研究如何做好一个职员和一个领导,并以良好的心态处理好人际关系,面对挫折,及时总结教训……几年之后,假如他做了公司的经理,你会觉得奇怪吗?

有人能发挥潜能,取得成功,是因为他能始终保持积极的心态。人生是好是坏,不是由命运来决定,而是由心态来决定。我们可以用积极心态看事情,也可以用消极心态看事情。但积极的心态激发潜能,消极的心态抑制潜能。

美国作家兼演说家海利提供的一份资料表明:美国合法移民中成为百万富翁的概率是土生土长的美国人的 4 倍,而且不管黑人、白人或任何

种族的人，不论男女，全无例外。

为什么会这样？下面的这个故事说明了这个道理：

1992 年 7 月 10 日，星期五，下午 2 时 48 分，美国航空公司 874 班机上来了 4 位客人，他们是一位母亲和 3 个小女孩，这可能是他们头一回坐飞机。那位母亲走在最前面，一手抱着婴儿，另一手牵着一名稚童，他们迅速地朝机尾方向走去。

另一名大约 4 岁的孩子走在最后面，落后了好几步。她一登上飞机，就注意到她的正前方有个服务员正在准备午餐。她在走道上停下脚步，弯着她的两条腿，手放在膝上，对着把食物迅速装进餐盒的两名服务员，专心地望了好一会儿。然后慢慢地转过头，看着左侧的机舱，可以看出，她对眼前的一幕——3 个身穿制服，肩上有好几杠的人物极感兴趣。在她面前的是两根控制杆、2 个机轮、无数的灯光，以及她从未见过的许多电子仪器。

她聚精会神地凝望了好一会儿，然后慢慢地转过来，两只蓝色的眼睛睁得大大的，在她面前出现了一道长长的机峰，全部座位同时都空着没人坐，她可以一眼由机头望到机尾，当她从长长的走道望过去时，口中吐出了两个字：天啊！

合法移民来到美国，说的也正是这句话。眼前的一切着实令他们难以置信，大部分情况下，他们所见到的是无法想象的美丽、豪华与遍地机会。他们以"天啊"的积极心态面对一切。他们惊讶地看到报纸上数不清的求才广告，然后马不停蹄地四处应征，找来一份工作。他们知道自己赚的是最低薪资。典型的移民在美国的最低薪资和其他国家比起来，已是最高薪资，典型的移民在生活上都力求简单便宜，若有需要，还会找到两份工作，他们做起事来格外勤奋，开支尤为节俭，所有钱都存下来。

摆在他们面前的，是在全球最强最富的国度生活、工作、成长、寻求成功的机会，毫无例外的，几乎每个人都衷心感谢美国及它所提供的机会。

所罗门说得好："勤奋者必能致富。"百万富翁与一般人的最大差异就在于有无奋发的心态。有了那种心态，便会工作得勤勉。

移民成为百万富翁的概率之所以是非移民的 4 倍，仍是由于他们来美之际都抱着一种希望、兴奋及感恩的心态。

不幸的是，许多美国人一早起床，环顾四周，他不说"天啊"！反而不屑地吐出一句："有什么了不起！"一心想白吃午餐，或者是想一夕致富。这样的生活态度在这个国度里，的确成不了大事。

积极心态是一种有效的心理工具，如果你认为自己能够发挥潜能，它能使你产生错觉，从而使你如愿以偿。一名体坛名将就是这样做的。

一名世界冠军的射手，举起他的弓，眼睛锁定 30 码开外的靶心。此时此刻，除了红心以外，没有任何事情可以吸引他的注意力，他拉紧了弦，眼睛注视目标，沉静而迅速地扫视自己的身体及心理状态，若感觉有点不对，他就放下弓，再重新拉一次，假如一切检查无误，他只要瞄准靶心，放心地让箭飞出去，就有信心会正中红心。

这种冷静的信心，十足的状态，是否仅为体坛的超级巨星所持有，倒也不尽然。只是当体坛明星处于这种最佳竞技心态时，他才会赢得胜利。而当他心态不佳时，则一扫平日的威风，会输给名不见经传的小辈。同样，即使一位平日成绩平平的运动员，当他处于最佳心态时，也可能取得惊人的成就，打败那些状态不佳的明星。这种状态即心态在事实上是人人都有的，你或许有经历但不自知。

从某种角度来说，我们都是射手，都想在生活中一射而中，假如我们锻炼肌肉神经系统，将箭射向靶心，为什么我们不能每次都如愿呢？

这到底是怎么啦？我们又没有改变，应该是一如既往才对，怎么前一阵还眉开眼笑，后一阵子就哭丧着脸？为什么连一流的运动员都会有得心应手之后，连着多日投不进一球的情形？

差别就在于我们处于不同的心态。在积极进取状态时，自信，自爱，坚强，快乐，兴奋，让你的能力源源涌出。在瘫痪状态时，多疑，沮丧，恐惧，焦虑，悲伤，受挫，使你浑身无劲。就是这样，我们每个人在好坏状态

之间进进出出，你可曾有过进了一家餐厅，女招待不耐烦地说"要什么'的经历……你认为她一直是这副脸色吗？有可能是她的生活困顿，使她有这副态度，但更可能是她忙了一整天去招呼客人，再加上几个客人未赏小费。其实她人不坏，只不过是处在颓丧的心情状态罢了。如果你能改变你的心态，就能改变她的态度。

你可曾有过这样的经历，突然记不起熟悉的朋友的姓名？何以会有这样的现象？你明明知道那个人的姓名，可就是当时记不起来了，难道说你笨吗？当然不是，那是你当时处在笨的状态罢了。

事情做得好坏的差别不在能力，而看当时身心所处的状态，你可以有舞王佛雷·亚斯坦的典雅，更可以有诺兰雷恩的体力和耐力，以及有爱因斯坦的聪明和才智，然而你一直使自己的身心处在"低落"的状态，就永远别想能够发挥潜能，若是你晓得如何进入积极的状态的奥秘，那么就必然能做出你意料之外的成绩来。

任何时刻，你的认知都受制于当时的状态，而这时的认知便会影响你随后的想法和做法。换句话说，你会有什么样的行为跟你的能力无关，而是跟你的身心所处的状态有关。

心灵悄悄话

一个人的潜在能力是无限的，一般人只是发掘了他仅仅一部分潜能而已。决定一个人潜能发展的主要因素就是他的心态。

变不可能为可能

　　人类的一个主要弱点就是人们非常熟悉的"不可能"一词,这个词显示出一切规则都不起作用,任何事都干不成。这个世界上不可能的事太多了。我不可能在一夜之间成为总统,我永远不可能拥有100万元。人们常常被这种消极的心态支配着,才导致大部分人一生半穷不穷、半富不富。而实际的情况是怎样的呢?

　　成功总是伴随那些有自我成功意识的人!失败总是伴随着那些在乎自我失败意识的人!

　　人们要学会在头脑中将失败意识转变为成功意识。只要你充分发挥自己的潜力,敢于做别人认为不能做、不可能做的事,你就一定能成功。

　　心态分为两种,积极心态能发挥潜能,能吸引财富、成功、快乐和健康。消极心态能排斥这些东西,夺走生活中的一切,它使人终身陷在谷底,即使爬到了巅峰,也会被拖下来。

　　积极心态的特点是信心、希望、诚实、爱心和踏实等;消极心态的特点是悲观、失望、自卑、欺骗等。

　　一个有积极心态的人被大水困住,只得爬上屋顶,邻居中有人漂浮过来说:"约翰,这次大水真可怕啊。"约翰回答说:"不,它并不怎么坏。"邻居有点吃惊,就反驳道:"你怎么说不怎么坏,你的鸡舍已经被冲走了。"约翰回答:"是的,我知道,但是我6个月以前养的鸭子在附近游泳。""但是,约翰,这次大水损害了你的农作物。"这位邻居坚持说。约翰仍然不屈服地说:"不,我的农作物因为缺水而损坏了。就在上周,代理人告诉我,我的土地需要更多的水,所以这下就解决问题了。"

这位悲观的邻居又再次对他那位欢笑的朋友说:"但是你看,约翰,大水还在上涨,就要涨到你的窗户上了。"这位乐观的朋友笑得更开心了,说道:"我希望如此,这些窗户实在太脏了,需要冲洗一下。"这是个玩笑,很幽默。显然,约翰已经决定以积极的态度来应付各种情况,百科全书上说,心态是为达到某种目的而采取的心境或姿势,经过一段时间以后,即使遇到消极的情况,你也能使心灵自动地做出积极的反应。达到这种境界,你必须以很多良好、清洁、有利的信息来充实你的心灵,甚至随时保持这种状况。由此可见,潜能的发挥成功与否,关键在于心态。

积极的心态有助于发挥潜能。

世界冠军摩拉里就是这样做的,早在少不更事、守着电视看奥运竞赛的年纪,他的心中就充满了梦想,梦想着即将到来的有趣之事。1984 年,一个机会出现了,在他擅长的项目中,他成为全世界的最优秀的游泳者,但在洛杉矶的奥运会上,却只拿了亚军。想象与梦想并没有实现。

他重新回到梦想中,回到游泳池中,又开始了训练。这一次目标是1988 年韩国汉城奥运会金牌,他的梦想在奥运预选赛时就烟消云散。他竟然被淘汰了。

跟大多数人一样,他变得很沮丧,把这份梦想深埋心中,跑去康乃尔念律师学校。有三年的时间,他很少游泳。可是心中始终有股烈焰,他无法抑制这份渴望。

离 1992 年夏季赛不到一年的时间,他决定再孤注一掷。在这项属于年轻人的游泳比赛中,他算是高龄,简直就像拿着枪矛戳风车的现代堂·吉诃德。想赢得百米蝶泳赛的想法简直愚不可及。

对他而言,这也是一段悲伤艰难的时刻,因为他的母亲因病离世了。她将无法和他分享胜利的成果,可是追悼母亲的精神加强了他的决心和意志,令人惊讶的是,他不仅成为美国代表队成员,还赢得了初赛。

他的纪录比世界纪录慢了一秒多,在竞赛中他势必要创造一个奇迹。

加强想象,增加臆想训练,不停地训练,他在心中仔细规划赛程,不用1 分钟,他就能将比赛从头到尾,像透过水晶般仔细看过一遍,他的速度

会占尽优势。

预先想象了赛程,他就开始游泳了,而那天,他真的站在领奖台上,看着星条旗冉冉上升,美国国歌响起,颈上挂着金牌,凭着积极心态,摩拉里将梦想化为胜利,美梦成真。

雪莉,1980 年美国小姐,11 岁时遭遇车祸,她的左腿被轧碎,缝了100 多针才缝合,医生告诉她,她永远不能走路了。然而,在几年后的一个基督教兴奋培灵大会上,她看见自己的左腿"立刻长长了两寸",她说这是靠上帝的奇迹走路的。但是另一个同样的奇迹在于她的积极的心态。

雪莉可以坐下来放弃,许多人都可以这么做。那么她到底从哪儿得到如此绝妙的态度? 在车祸发生前的一个偶然事件直接影响到她对自己的看法。5 岁那年,在一间小杂货店内,有个送牛奶的人看着她,并且对她说,她将来会成为美国小姐,雪莉相信他,也正是由于这么个积极有利的想法,诞生了积极的心态,也诞生了 1980 年的美国小姐。

心灵悄悄话

语言是世界上最神奇的力量,带着爱、希望和鼓励的积极语言往往能将一个人提升到更高的境界。总之,带着失望、怨恨的消极语言也能毁灭一个人。因此,我们一定要小心自己的心态。

自我激励方法

清晰地规划目标是人生走向成功的第一步,但塑造自我却不仅限于规划目标。要真正塑造自我和自己想要的生活,我们必须奋起行动。莎士比亚说得好:"行动胜过雄辩。"

一旦掌握自我激励,自我塑造的过程也就随即开始。以下方法可以帮你塑造自我,塑造那个你一直梦寐以求的自我。

树立远景迈向自我塑造的第一步,要有一个你每天早晨醒来为之奋斗的目标,它应是你人生的目标。远景必须即刻着手建立,而不要往后拖。你随时可以按自己的想法做些改变,但不能一刻没有远景。

离开舒适区不断寻求挑战激励自己。提防自己,不要躺倒在舒适区。舒适区只是避风港,不是安乐窝。它只是你心中准备迎接下次挑战之前刻意放松自己和恢复元气的地方。

把握好情绪。人开心的时候,体内就会发生奇妙的变化,从而获得阵阵新的动力和力量。但是,不要总想在自身之外寻开心。令你开心的事不在别处,就在你身上。因此,找出自身的情绪高涨用来不断激励自己。

调高目标 许多人惊奇地发现,他们之所以达不到自己孜孜以求的目标,是因为他们的主要目标太小,而且太模糊不清,使自己失去动力。如果你的主要目标不能激发你的想象力,目标的实现就会遥遥无期。因此,真正能激励你奋发向上的是确立一个既宏伟又具体的远大目标。

加强紧迫感 20 世纪作家阿耐斯曾写道:"沉溺生活的人没有死的恐惧。"自以为长命百岁无益于你享受人生。然而,大多数人对此视而不见,假装自己的生命会绵延无绝。唯有心血来潮的那天,我们才会筹划大

事业,将我们的目标和梦想寄托在丹尼斯称之为"虚幻岛"的汪洋大海之中。其实,直面死亡未必要等到生命耗尽时的临终一刻。事实上,如果能逼真地想象我们的弥留之际,会物极必反产生一种再生的感觉,这是塑造自我的第一步。

撇开朋友　对于那些不支持你目标的"朋友",要敬而远之。你所交往的人会改变你的生活。与愤世嫉俗的人为伍,他们就会拉你沉沦。结交那些希望你快乐和成功的人,你就在追求快乐和成功的路上迈出最重要的一步。对生活的热情具有感染力。因此同乐观的人为伴能让我们看到更多的人生希望。

迎接恐惧　世上最秘而不宣的秘密是,战胜恐惧后迎来的是某种安全有益的东西。哪怕克服的是小小的恐惧,也会增强你对创造自己生活能力的信心。如果一味想避开恐惧,它们会像疯狗一样对我们穷追不舍。此时,最可怕的莫过于双眼一闭假装它们不存在。

做好计划调整　实现目标的道路绝不是坦途。它总是呈现出一条波浪线,有起也有落。但你可以安排自己的休整点。事先看看你的时间表,框出你放松、调整、恢复元气的时间。即使你现在感觉不错,也要做好调整计划。这才是明智之举。在自己的事业波峰时,要给自己安排休整点。安排出一大段时间让自己隐退一下,即使是离开自己挚爱的工作也要如此。只有这样,在你重新投入工作时才能更富激情。

直面困难　每一个解决方案都是针对一个问题的。二者缺一不可。困难对于脑力运动者来说,不过是一场场艰辛的比赛。真正的运动者总是盼望比赛。

心灵悄悄话

如果把困难看作对自己的诅咒,就很难在生活中找到动力。如果学会了把握困难带来的机遇,你自然会动力陡生。

在实践中开发潜能

　　有句话说得好：自己的水要自己挑，自己的木材要自己去砍。同样道理，自己的潜能有待自己去开发。潜能激励专家魏特利曾经说过这样一句话：在开发潜能时，没有人会带你去钓鱼。只有实践才能激发潜能，从火车发明者史蒂芬孙来看，其创造来自实践。

　　他从未在学校受过教育，8岁给人家放牛，13岁就跟父亲到大煤矿干活。起初当蒸汽机司炉的副手，擦拭机器，别人修理机器时他细心观察，了解它的构造和功能。由于他刻苦学习，长时间积累，产生了许多智慧，掌握了相当熟练的技巧。

　　一天，煤矿里一辆运煤车坏了，机械师们修理好长时间还不能使用，史蒂芬孙自告奋勇地要求修理。他平时摆弄过很多机器，已了解到这种运煤车构造上容易出毛病的地方。于是，他从容不迫地拆开，调整好出毛病的地方，再照原样装配好，运煤车果然开动起来了。通过这件事，他很快升任机械修理匠，直至机械工程师。

　　像史蒂芬孙这种善于开发潜能的人能从学习、生活和工作中吮吸养分，滋润、充实自己，即所谓"不积小流，无以成江海；不积跬步，无以至千里"。做事的秘诀是什么？安东尼·罗宾告诉我们，督促我们去运用这个秘诀的座右铭是：现在就去做。

　　"种下行动就会收获习惯，种下习惯便会收获性格，种下性格便会收获命运。"心理学家兼哲学家威廉·詹姆士这么说。他的意思是——习

惯造就一个人，你可以选择自己的习惯，在使用座右铭时，你可以养成自己希望的任何习惯。

在说过"现在就去做"以后，只要一息尚存，就必须身体力行。无论何时必须行动，"现在就去做"从你的潜意识闪到意识里时，你就要立刻行动。

请你养成习惯，先从小事上练习"现在就去做"，这样你很快便会养成一种强而有力的习惯，在紧要关头或有机会时便会"立刻掌握"。

比方说你有个电话应该打，可是你总是拖拖拉拉，而事实上你已经一拖再拖。如果这时那句"现在就去做"从你的潜意识里闪到意识里："快打呀！请你立刻就去打吧。"或者，你把闹钟定在早上 6 点，可是当闹钟响起时，你却觉得睡意正浓，于是干脆把闹铃关掉，倒头再睡。如果这种情况继续下去，你将来就会养成习惯。假使你的潜意识把"现在就去做"闪到意识里，你就不得不立刻爬起来。为什么？因为你要养成"现在就去做"的习惯呀！魏尔士先生就因为学到做事的窍门，而成为一个多产作家。他绝不让灵感白白溜走，想到一个新意念时，他立刻记下。这种事有时候会在半夜里发生，没关系。魏尔士立刻开灯，拿起放在床边的纸笔飞快地记下来，然后继续睡觉。

许多人都有拖拖拉拉的习惯，因此误了火车，上班迟到，甚至更严重——错过可以改变自己一生，使你变得更好的良机。

所以，要记住："现在"就是行动的时候。

行动可以改变一个人的态度，使他由消极转为积极，使原先可能糟糕透顶的一天变成愉快的一天。

如果下定决心立刻去做，往往会激发潜能，往往会使你最期盼的梦想实现。孟列·史威济正是如此。

史威济非常喜欢打猎和钓鱼，他最喜欢的生活是带着钓鱼竿和猎枪步行 50 里到森林里，过几天以后再回来，筋疲力尽，满身污泥而快乐无比。

这类嗜好唯一不便的是，他是个保险推销员，打猎钓鱼太花时间。有

一天,当他依依不舍地离开心爱的鲈鱼湖,准备打道回府时突发异想。在这荒山野地里会不会也有居民需要保险?那他不就可以同时工作又户外逍遥了吗?结果他发现果真有这种人:他们是阿拉斯加铁路公司的员工。他们散居在沿线250公里各段路轨的附近。他可不可以沿铁路向这些铁路工作人员、猎人和淘金者拉保呢?史威济就在想到这个主意的当天开始积极计划。他向一个旅行社打听清楚以后,就开始整理行装。他没有停下来让恐惧乘虚而入,自己吓自己会认为自己的主意很荒唐,以为它可能失败。他也不左思右想找借口,只是搭上船直接前往阿拉斯加的"西湖"。

史威济沿着铁路走了好几趟,那里的人都叫他"步行的史威济",他成为那些与世隔绝的家庭最受欢迎的人。同时,他也代表了外面的世界。不但如此,他还学会理发,替当地人免费服务。他还无师自通地学会了烹饪。由于那些单身汉吃厌了罐头食品和腌肉之类,他的手艺当然使他变成最受欢迎的贵客啦。而在这同时,他也正在做一件自然而然的事,正在做自己想做的事:徜徉于山野之间、打猎、钓鱼,并且像他所说的"过史威济的生活"。

请你记牢这句话:"现在就去做!"

心灵悄悄话

"现在就去做"可以影响你生活中的每一部分,它可以帮助你去做该做而不喜欢做的事;在遭遇令人厌烦的职责时,它可以教你不推拖延宕。

影响我们人生的是心态

一位成功学大师指出：生活中，失败平庸者多主要是心态观念有问题。遇到困难他们只是挑选容易的倒退之路。"我不行了，我还是退缩吧。"结果陷入失败的深渊。成功者遇到困难，仍然是积极的心态，用"我要！我能""一定有办法"等积极的意念鼓励自己，于是便能想尽办法，不断前进，直至成功。

美国亿万富翁、工业家卡耐基说过："一个对自己的内心有完全支配能力的人，对他自己有权获得的任何其他东西也会有支配能力。"如果我们能够以积极的心态去面对每一项工作，就可以让自己的心灵引擎中沸腾起无穷的能量，继而推动自己的进取心和创新意识。这样，即使在平凡的工作岗位上工作着，也会创造出不平凡的业绩。

巴勒教授曾在一家诊所里做过这样的试验：他对一组处于催眠状态下的人进行诱导，让他们认为自己没有任何天赋，以至于在生活中失败了；然后他对这些人进行了为期 14 天的临床观察和检验，从中得出的结论是——这些人有可能会患上当今时代所有类型的身心疾病。14 天以后，他又对这些人进行催眠诱导，让他们认为自己很有天赋、具有远大的目标并且完全有可能实现这些目标。这样一来，他们的临床现象马上就有了改变。他们变得很有生气、精神焕发，步态和举止都发生了变化，血压也很稳定，身心方面的疾病也全都消失了。这项试验很清楚地说明：对自己和未来持有一种积极的态度和看法是多么的重要，而消极的态度对我们的生活将产生多么可怕的影响。

我们经常以为一个人的成就深受环境影响，有什么样的遭遇就有什

么样的人生。这实在是再荒谬不过了，影响我们人生的绝不是环境，也绝不是机遇，而是我们对这一切抱什么样的信念。

　　有两位年届七十岁的老太太，对于未来因为不同的信念而有了不同的人生。一位认为到了这个年纪可算是人生的尽头，于是便开始料理后事；然而，另一位却认为一个人能做什么事不在于年龄的大小，而在于是怎么个想法。于是她给自己定下了一个更高期望，在 70 岁高龄之际开始学习登山，随后的 25 年里她一直冒险攀登高山，其中几座还是世界上有名的。就在最近，她还以 95 岁的高龄登上了日本的富士山，打破了攀登此山年龄最高的纪录。

　　由上述例子可见，不是环境也不是机遇能够决定一个人的一生，要看他们对于这一切赋予什么样的意义，也就是说他是用什么样的认知，这不仅会决定他的现在，也决定他的未来。人生到底是喜剧收场还是悲剧落幕，是丰丰富富的还是无声无息的，就全在于这个人到底抱着什么样的信念。

　　你见过消极的成功人士吗？很多人说自己天生就消极，其实，没有"消极的婴儿"，只有消极的成人。所有积极和消极的习惯，都是后天培养出来的。既然是后天培养出来的，就一定可以变，凡事为什么不多往积极面去想呢？

心灵悄悄话

　　既然思想观念深刻影响着主观行动与客观环境，那么，不论遭遇任何困难，都应该以光明乐观的心态去面对，才能激发走向成功的动力。如果你不满意现在的环境，你就必须改变头脑中的思想。

如何培养积极的心态

积极的心态是可以培养的。为了培养积极的心态,你可以从以下几个方面努力。

1. 经常清除消极思想

在我们的日常生活中,我们必须每日清除心里的莠草。要常常怀抱乐观,如果你只看到自己生命中的灰暗面,强调各种可能的困难,那你就把自己置于消极的心态中。你应该尽快清除无用的消极杂草,回到积极的心态中去。

2. 远离思想消极的人

你周围的人并不完全一样,有的是消极的,但有的是积极的。有的是不得已而工作,而有的是胸怀大志,为进步而工作。有的同事贬低领导所说的一切、所做的一切,有的则能客观地看问题,而且充分认识到那些居于要职的领导人过去一定是优秀的人才。

在我们的周围,总有那么一些小人,他们意识到自己的无能,因而千方百计地想成为你前进道路上的绊脚石,阻碍你前进,许多有识之士,因争取创造更大效益,生产更多产品而受到冷嘲热讽,甚至受到威胁。

让我们正视这些小人!他们有的出于嫉妒想让你难堪,原因是你想进步。远离这些思想消极的小人,多与思想积极的成功人士交流,你会因此而更加积极有为!

3. 使用自我暗示的语句

在生活中,要有意识地改变你的习惯用语。

不要说"我真累坏了",而要说"忙了一天,现在心情真轻松"。

不要说"他们怎么不想想办法"？而要说"我知道我将怎么办"。

不要在团体中抱怨不休,而要试着去赞扬团体中的每个人。

不要说"为什么偏偏找上我,上帝"？而要说"上帝,考验我吧"！

不要说"这个世界乱七八糟",而要说"我要先把自己家里弄好"。

积极心态的自动提示语不是固定的,只要是能激励我们积极思考、积极行动的词语,都可以作为自动提示语。

如果我们经常使用自我激发性的语句,并融入自己的身心,就可以保持积极心态而抑制消极心态,形成强大的动力,达到成功的目的。

4. 强化你的积极态度

心态积极起来后,还需要用一些方法来使它得到强化,否则,积极心态很不容易得到长时间的保持。以下将介绍一些强化积极态度的方法:

定一些明确目标;

清楚地写下你的目标,达到目标的计划,以及为了达到目标你所愿意付出的;

把强烈欲望作为达成目标的后盾,使欲望变得狂热,让它成为你脑子中最重要的一件事;

立即执行你的计划;

正确而且坚定地照着计划去做。

5. 经常听愉快、鼓舞人的音乐

看看与你的职业及家庭生活有关的当地新闻。不要向诱惑屈服而浪费时间去阅读别人悲惨的详细新闻。在开车上学或上班途中,听听电台的音乐或自己的音乐带。

心灵悄悄话

如果可能的话,和一位积极心态者共进早餐或午餐。晚上不要坐在电视机前,要把时间用来和你所爱的人谈谈天。

第六篇

入迷才能做情绪的主人

您无法改变天气,却可以改变心情;您无法控制别人,但可以掌握自己。我们前进的道路是坎坷曲折的,但是道路两旁盛开着五彩芳香的花,在我们头顶上洒满了温馨的阳光。

当你在这条生活之路上向前行进的时候,我们要真诚地说一声:祝你身体健康,更祝你心理健康!愿每个人都能做自己情绪的主人,把握好自己的心海罗盘,把人生这幅长卷描绘得多姿多彩!做情绪的主人,自觉培养态度乐观、兴趣广泛等良好的情绪品质。

要有不屈不挠的精神

不管是在工作中还是在生活中,来自各方面的伤害或者打击都在所难免,你要做到的是坚强自信,绝不能轻易就被打垮。

德国有句谚语,叫作"无终不如无始"。这句谚语告诉我们,做任何事情,都要坚持到底,不可半途而废。

始乃终之因,终乃始之果。在始与终之间,是一个漫长的过程。这个过程也许顺利,也许曲折,酸甜苦辣尽在其中。

不能坚持到终点的人,不可能达到人生的目标;不能坚持到终点的人,甚至不能取得阶段性胜利。善始而不能善终的人,不足以与之谈成败。

在困难面前退缩,或是在挫折面前失去信心,或是在持久战中失去耐心,都会使一个人成为半途而废的人。

如果你问一个半途而废的人,成功的喜悦如何? 那他的回答只能是"不知道"。

如果你问一个半途而废的人,失败的滋味怎么样? 那他的回答只能还是"不知道"。

没有成功的风光,没有失败的悲壮,对于半途而废的人来说,只有有始无终的耻辱和遗憾。

只有坚持不懈的人,才有可能取得成功。但是,坚持不懈的更深层意义,绝不仅仅限于成功。譬如长跑比赛,要比赛就会有胜负。率先冲过终点的人,当然值得庆贺,但明知夺冠无望而努力不止的人,更值得尊重。鲁迅先生就曾将这种取胜无望而能努力不止、坚持跑完全程的人,称为真

正的民族脊梁,认为他们是民族的希望所在。

　　世界上没有一帆风顺的事,任何事业的成功,离开了艰难困苦和挫折、失败的孕育,都是不可能的。只有那些不为失败所击倒,越挫越奋、屡败屡战的人才能最终获得成功。

　　一位西方作家说:"人生就是要含辛茹苦。"中国古人则指出:"天将降大任于斯人也,必先苦其心志,劳其筋骨,饿其体肤,空乏其身,行拂乱其所为……"要想成功,想出人头地,就要坚强,要承受苦难,绝不能轻易就被打倒。

　　历史上,平庸者成功和聪明人失败一直是一件令人惊奇的事。通过仔细分析,发现出现这个现象的原因在于,那些看似愚钝的人有一种顽强的毅力,一种在任何情况下都坚如磐石的决心,一种从不受任何诱惑、不偏离自己既定目标的能力。相反,那些聪明却不坚定的人,往往没有一个明确目的,四处出击,遇到困难就躲,经常半途而废,结果分散精力,浪费才华。

　　坚强的性格是成就大事的基础。坚强的性格,首先表现在不怕挫折和失败,即使经受数十、数百乃至成千次挫折和失败的打击,也能矢志不移、不屈不挠。强者和弱者的区别,很大程度就是表现在对待失败的态度上。世界上的事情往往是这样:事业未成,先尝苦果。壮志未酬,先遭失败。而且,失败常常专跟强者作对。原因很简单:低的目标容易达到,弱者胸无大志,目标平庸,几乎不经过什么失败就能如愿以偿。而越高的目标难度就越大,失败的机会也自然就越多。

心灵悄悄话

　　有的人渴望成为强者,但却经受不住失败的打击。他们经过一阵子的奋斗,遭到一次乃至几次失败后,便偃旗息鼓、罢手不干了,因而最终只能与一事无成的弱者为伍。

永远对生活充满希望

　　在我们所走的人生旅途上，适意总是多于不适意。青年人内心储藏的愿望，得到满足时，会觉得自己仿佛是快乐的天使，幸运正以无忧的手，殷勤地给自己加冕，因而心头涌出欢欣的情感。

　　但是，世界上终究存在着不适意的事情。在生活中，一旦遇到这样的事情，你又该如何呢？那种时候，你会不会抛弃生活的愿望，不再喜欢眼前的一切呢？

　　培德正沉浸在初恋的幸福当中。他是用甜蜜的微笑来看待今天和将来的。可是不多久，一片乌云意外地飘来，遮住了他的眼睛。他的女朋友突然变心了。他沮丧地对朋友说："我失掉了生活希望，从此，什么都完了，留在心底的只有怨恨。"说这话时，他的眼睛隐去了亮光，浮现着懊恼、忧伤的神情。

　　固然，生活中会出现这样的情景：你给欢乐下了请帖，虔诚地请她与你做伴，可是，那位不受欢迎的不速之客——痛苦，却蛮横地排挤而入，在你身旁纠缠不去。这种情境恐怕是每个人都领受过的。但在这种境地下，你仍然没有理由放弃你的生活愿望。

　　痛苦，当然是每个人都不情愿承受的。它的来临，不管程度如何，都将让人在精神上受到折磨，甚至会在心田里留下深深的伤痕。因此，没有人无故地要去寻找痛苦和不幸。但这只是事情的一个方面。另外的一面是，假如你在痛苦当中，不被它击倒、淹没，而是细心地思索一番痛苦是怎样造成的，外界的原因和本身的原因在哪里，寻求如何战胜它的办法，那么，痛苦的降临却会对你起到积极的影响，教会你一些宝贵的东西。罗

曼·罗兰说过:"痛苦这把犁刀一方面割破了你的心,一方面掘出了生命的新水源。"这种见解就比较全面。我们羡慕那些乐观的人,但要知道,这种人并非是未曾碰到任何不幸和痛苦的幸运儿。他们虽然也碰到痛苦和不幸,自己却能够冷静地加以思索,找到外界原因,缜密地检查本身的弱点,从而使自己更加完善。他们在困惑迷惘中仍然不放弃他们渴求的愿望,而把愿望当作坚韧的拐杖,依靠它,顽强地向前走,向着希望走去,最终脱离痛苦而靠近希望。这样的人,每向前跋涉一步,都会掘出生命的新水源。

文艺复兴时期的思想家米朗多,曾为大雕刻家戴西戴雷诺·赛提昂诺雕刻的一个男童像题词:"每一个人从出生起,就获得了各种机会与各种人生的种子。"这句话,其实是真理的声音。虽然你碰到了一次甚至多次苦恼,但并非说,你从出生起,一生注定只该获得这样的种子。你将会获得幸福与快乐的种子,世界会赐予你许多美好的东西。

年轻人刚刚踏入生活,正像刚刚跨上马鞍的骑手,许许多多美丽的图画展现在眼前。这些图画,就是编织美好愿望的蓝本,能强烈地吸引和推动我们去争取未来。伏尔泰说:"人类最可宝贵的财富是希望,希望减轻了我们的苦恼,为我们在享受当前的乐趣中描绘来日乐趣的图景。如果人类不幸到目光只限于考虑当前,那么人就会不再去播种,不再去建筑,不再去种植,人对什么也不准备了;从而在这尘世的享受中,人就会缺少一切。"

心灵悄悄话

一个青年可以失掉这一件东西或那一件东西,放弃这个想法或那个想法,但无论如何,不能失掉和放弃生活的愿望。一个失掉了生活愿望的人,必然要成为自甘沉沦、淡漠处世、灰溜溜地过日子的人。

保持内心平静

戴尔·卡耐基说:"我相信,我们内心的平静和我们在生活中所获得的快乐,并不在于我们身处何方,也不在于我们拥有什么,更不在于我们是怎样的一个人,而只在于我们的心灵所达到的境界。在这里,外界的因素与此并无多大的关系。"

即使被别人说了无聊的闲话,被人当作笑柄,被人骗了,或者被某一个我们最亲密的朋友给出卖了——也千万不要纵容自己只知道自怜,应该时刻提醒自己,虽然我们不能阻止别人对自己做任何不公正的批评,却可以做一件更重要的事,即可以决定是否要让自己受到那些不公正批评的干扰。

当年马修布拉还在华尔街美国国际公司担任总裁的时候,有人问他是否对别人的批评很敏感,他回答说:"是的,我早年对这种事情非常敏感。我当时急于要使公司里的每一个人都认为我非常完美,要是他们不这样想的话,就会使我忧虑。只要一个人对我有一些怨言,我就会想办法去取悦他。可是我所做的讨好他的事,总会让另外一个人生气。然后等我想要补足这个人的时候,又会惹恼了其他的人。最后我发现,我越想去讨好别人,以避免别人对我的批评,就越会使我的敌人增加。所以最后我对自己说:只要你超群出众,就一定会受到批评,所以还是趁早习惯的好。这一点对我大有帮助。从此以后,我就决定只尽自己最大的努力去做,而把我那把破伞收起来,让批评的雨水从我身上流下去,而不是滴在我的脖子里。"

林肯要不是学会对那些谩骂置之不理,恐怕他早就受不住内战的压

力而崩溃了。他写下的如何对待批评的方法,已经成为文学上的经典之作。第二次世界大战期间,麦克阿瑟将军曾经把它抄下来,挂在总部的写字台后面。而丘吉尔也把这段话镶在框子里,挂在书房的墙上。这段话是这样的:"如果我只是试着要去听,更不用说去回答所有对我的攻击,这爿店不如关了门,去做别的生意。我尽我所知的最好办法去做,也尽我所能去做,而我打算一直这样把事情做完。如果结果证明我是对的,那么人家怎么说我,就无关紧要了;如果结果证明我是错的,那么即使花 10 倍的力气来说我是对的,也没有什么用。"

所以,如果你立志要有一番作为、要成功,那么,在年轻的时候,就要学会保持平静的心,不要为别人的批评而烦恼。

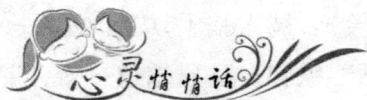

心灵悄悄话

每一个想成功的人,都不要为别人的批评而烦恼,太在意别人批评的人都会局限于狭窄的范围内,而让自己失去了更广阔的天地。

要学会保持冷静

思想家说：冷静是一种美德。

教育家说：冷静是一种智慧。

文艺家说：冷静是一种魅力。

冷静与思索孪生，它使人深邃，而深邃的人更趋于成熟；冷静即力量，它使人充实，而充实的生命才会永远年轻；冷静中有含蓄，它使人想象，而想象往往给予人的更多。

冷静，是一种风度，更是一种品格。受挫时要保持冷静——在冷静中镇定，在冷静中反省，在冷静中坚强，在冷静中撞击出新的火花。

成功时更需要冷静——在冷静中成长，在冷静中清醒，在冷静中寻找新的起点，确立新的目标。

思维是人脑对客观事物的概括反映。培养和发展思维的广阔性、深刻性、独立性、敏捷性，是各种人才成长最重要的心理条件。其中思维的独立性更是人们进行创造的必要前提。思维的独立性指的是善于根据客观事实冷静地思考问题，善于发现问题，解决问题，而不因偶然的暗示或影响就动摇犹豫起来。一切人才的成功都在于他们具有思维的独立性。

很多科学家、艺术家、教育家提倡从小培养思考能力的优良品质。法国著名文学家巴尔扎克认为："打开一切科学的钥匙都毫无异议的是问号，我们大部分的伟大发现都应该归功于如何，而生活的智慧大概就在于逢事都问个为什么。"

在生活中，如果你刚刚错失了一次绝好的机会，一定要冷静。

这班车过去了，那班车还会到来。即使没有车了，也用不着大惊小

怪！你就步行吧，尽管慢一些，最终还是会到达目标的，只要你肯把双脚迈开。

不要埋怨，不要责怪，要相信成功的日子就会到来。不要因此而萎靡不振，也不要一味地自怨自艾；受不了挫折的人缺乏英雄气概。还是冷静一下吧，说不定在你唉声叹气的时候，下一班车已经驶来。

心理学家发现，即使是最困难的事，只要自己有适当的准备，有心寻求解决之道，必能找到办法去解决。当然，解决困难的方式很多，但其中最重要的就是首先要认清事情的真相，冷静思考引起困难的真正原因。这时，可能发现大部分原因竟是自己本身造成的。所以，如果自己有做错、疏忽或思考不够周密的地方，就要深刻地进行自我反省，加以改正。如此，才能克服困难，也才会把这种体验牢记心中。

换句话说，要在困难的事情一露出破绽时，自己就要察觉到。但是，人们往往在事情出差错之后即草草处理，结果效果不如人愿。不过，无论如何，在事情显露破绽时，能马上察觉出来，那是非常重要的。

人越到需要紧迫做出决定的时候，思想越容易混乱，或者思考能力干脆停止了，这就是人们常说的"惊呆了""急懵了""惊慌失措"等。在这时，要有冷静的情绪，清醒的头脑，才能顺利地处理好紧急情况。

在危急的时候更要冷静。假如你丢了一些重要文件，或你的家突然受到强风暴的威胁，要保持镇静，至少看上去是镇静的。你的动作一直要平稳从容，不要匆忙急促，保持语调的高低，你的讲话要干脆利落，而且不慌不忙。惊慌是带有传染性的，因此要镇静。

成熟者遇事头脑冷静，不急躁、不鲁莽从事，能用理智控制感情。那么，在生活中遇到难题的时候，该如何保持冷静，克服内心时常产生的烦恼情绪呢？下面的几条建议非常有参考价值：

①遇到困难的时候，不要惊慌。平心静气地分析情况，设想已出现的困难可能造成的最坏结果。

②在对可能出现的最坏后果有了充分估计之后，则应做好勇敢地把它承担下来的思想准备。当你仔细分析了可能造成的最坏结果，并准备

入迷——乱花渐欲迷人眼

170

心甘情愿地把它承担下来之后,你的心理状态就会立即发生神奇的变化!你会感到轻松,心里非常平静。

③待心情平静之后,即应把全部时间和精力用到工作上,以尽量设法排除最坏的后果。惊慌只会破坏我们集中思维的能力,我们的思想会因为惊慌而不能专心致志,我们也会因此而丧失当机立断的能力。但如果我们冷静下来,强迫自己正视现实,准备承担最坏的后果,那么就可以打消一切模糊不清的念头,使我们有可能集中思想考虑问题。

④辅之以其他方式的调节。人拥有一颗潜力无比巨大的大脑,思考型的人无疑是充分地利用了他们的这一资源。不过,如果能够辅之以其他方式的调节,也许会收到事半功倍的效果。爱因斯坦是典型的思考型人物,但他同时酷爱音乐,他认为音乐对他的帮助是巨大的。伟大的相对论的产生不仅要求有严密的逻辑推理能力,更要求有丰富的想象力和直观思维能力,而音乐在对想象力和直观思维能力的培养中担当了非常重要的角色。

心灵悄悄话

只要我们能冷静地接受最坏的情况,那么我们就没有任何东西可以再失去的了。这自然就意味着我们只会赢得一切。

要有自制能力

有位名人对美国各监狱的 16 万名成年犯人做过一项调查,发现了一个惊人的事实:这些不幸的男女犯人之所以沦落到监狱中,有 90% 的人是因为缺乏必要的自制,未能把他们的精力用在积极有益的方面。

缺乏自制是一般推销员最具破坏性的缺点之一。客户说了几句这位推销员所不希望听到的话,如果后者缺乏自制能力的话,他会立即针锋相对,用同样的话进行反击,这对他的销售努力是最严重的致命伤害。

在芝加哥一家大百货公司里,拿破仑·希尔亲眼看到了一件事,它说明了自制的重要性:

在这家百货公司受理顾客提出抱怨的柜台前,许多女士排着长长的队伍,争着向柜台后的那位年轻女郎诉说他们所遭遇的困难,以及这家公司不对的地方。在这些投诉的妇女中,有的十分愤怒且蛮不讲理,有的甚至讲出很难听的话。柜台后的这位年轻小姐一一接待了这些愤怒而不满的妇女,丝毫未表现出任何憎恶。她脸上带着微笑,指导这些妇女们前往相应的部门,她的态度优雅而镇静,拿破仑·希尔对她的自制修养非常惊讶。

站在她背后的是另一位年轻女郎,她在一些纸条上写下一些字,然后把纸条交给站在前面的那位女郎。这些纸条很简要地记下妇女们抱怨的内容,但省略了这些妇女原有的尖酸而愤怒的语气。

原来,站在柜台后面,面带微笑聆听顾客抱怨的这位年轻女郎是位聋人。

她的助手通过纸条把所有必要的事实告诉她。

拿破仑·希尔对这种安排十分感兴趣,于是便去访问这家百货公司的经理。他告诉拿破仑·希尔,他之所以挑选一名耳聋的女郎担任公司中最艰难而又最重要的一项工作,主要是因为他一直找不到其他具有足够自制力的人来担任这项工作。

拿破仑·希尔站在那儿观看那群排成长队的妇女,并且发现,柜台后面那位年轻女郎脸上亲切的微笑,对这些愤怒的妇女们产生了良好的影响。她们来到她面前时,个个像是咆哮怒吼的野狼,但当她们离开时,个个像是温顺柔和的绵羊。事实上,她们之中的某些人离开时,脸上甚至露出羞怯的神情,因为这位年轻女郎的"自制",已使她们对自己的作为感到惭愧。

自从拿破仑·希尔亲眼看到那一幕之后,每当对自己所不喜欢听到的评论感到不耐烦时,就立刻想起了柜台后面那名女郎的自制而镇静的神态。而且他经常这么想:每个人应该有一副"心理耳罩",有时候可以用来遮住自己的双耳。拿破仑·希尔个人已经养成一种习惯,对于所不愿听到的那些无聊谈话,可以把两个耳朵"闭上",以免在听到之后徒增憎恨与愤怒。生命十分短暂,有很多建设性的工作等待我们去进行,因此,我们不必对说出我们不喜欢听到的话语的每个人去进行"反击"。

心灵悄悄话

要想做个极为"平衡"的人,你身上的热忱和自制必须相等而平衡。一个人在愤怒的情况下,往往会失去自制,说出他在冷静的情况下不会说出的话。

第六篇 入迷才能做情绪的主人

先控制自己才能控制别人

在拿破仑·希尔事业生涯的初期,他发现,缺乏自制,对生活造成了极为可怕的破坏。这是从一个十分普通的事件中发现的。这个发现使拿破仑·希尔获得了一生当中最重要的一次教训。

有一天,拿破仑·希尔和办公室大楼的管理员发生了一场误会。这场误会导致了他们两人之间彼此憎恨,甚至演变成激烈的敌对状态。这位管理员为了显示他对拿破仑·希尔的不悦,当他知道整栋大楼里只有拿破仑·希尔一个人在办公室中工作时,就立刻把大楼的电灯全部关掉。这种情形一连发生了几次,最后,拿破仑·希尔决定进行"反击"。某个星期天,机会来了,拿破仑·希尔到书房里准备一篇预备在第二天晚上发表的演讲稿,当他刚刚在书桌前坐好时,电灯熄灭了。

拿破仑·希尔立刻跳起来,奔向大楼地下室,他知道可以在那儿找到这位管理员。当拿破仑·希尔到那儿时,发现管理员正忙着把煤炭一铲一铲地送进锅炉内,同时一面吹着口哨,仿佛什么事情都未发生似的。

拿破仑·希尔立刻对他破口大骂。一连 5 分钟之久,他都以比管理员正在照顾的那个锅炉内的火更热辣的词句对他痛骂。

最后,拿破仑·希尔实在想不出什么骂人的词句了,只好放慢了速度。

这时候,管理员站直身体,转过头来,脸上露出开朗的微笑,并以一种充满镇静与自制的柔和声调说道:

"呀,你今天早上有点儿激动吧,不是吗?"

他的这段话就像一把锐利的短剑,一下子刺进拿破仑·希尔的身体。

想想看,拿破仑·希尔那时候会是什么感觉。站在拿破仑·希尔面前的是一位文盲,他既不会写也不会读,虽然有这些缺点,但他却在这场战斗中打败了自己,更何况这场战斗的场合以及武器,都是自己所挑选的,拿破仑的良心用谴责的手指对准了自己。拿破仑·希尔知道,他不仅被打败了,而且更糟糕的是,他是主动的,而且是错误的一方,这一切只会更增加他的羞辱。

拿破仑·希尔转过身子,以最快的速度回到办公室。他再也没有其他事情可做了。当拿破仑·希尔把这件事反省了一遍之后,他立即看出了自己的错误。但是,坦率说来,他很不愿意采取行动来化解自己的错误。

拿破仑·希尔知道,必须向那个人道歉,内心才能平静。最后,他费了很久的时间才下定决心,决定到地下室去,忍受必须忍受的这个羞辱。

拿破仑·希尔来到地下室后,把那位管理员叫到门边。管理员以平静、温和的声调问道:

"你这一次想要干什么?"

拿破仑·希尔告诉他:"我是回来为我的行为道歉的——如果你愿意接受的话。"管理员脸上又露出那种微笑,他说:

"凭着上帝的爱心,你用不着向我道歉。除了这四堵墙壁,以及你和我之外,并没有人听见你刚才所说的话。我不会把它说出去的,我知道你也不会说出去的,因此,我们不如就把此事忘了吧。"

这段话对拿破仑·希尔所造成的伤害更甚于他第一次所说的话,因为他不仅表示愿意原谅拿破仑·希尔,实际上更表示愿意协助拿破仑·希尔隐瞒此事,不使它宣扬出去,对拿破仑·希尔造成伤害。

拿破仑·希尔向他走过去,抓住他的手,使劲握了握;拿破仑·希尔不仅是用手和他握手,更是用心和他握手。在走回办公室的途中,拿破仑·希尔感到心情十分愉快,因为他终于鼓起勇气,化解了自己做错的事。

在这件事发生之后,拿破仑·希尔下定了决心,以后绝不再失去

自制。

因为一失去自制之后,另一个人——不管是一名目不识丁的管理员还是有教养的绅士——都能轻易地将他打败。

在下定这个决心之后,希尔身上立刻发生了显著的变化,他的笔开始发挥出更大的力量,他所说的话更具分量。在希尔开始所认识的人当中,他结交了更多的朋友,敌人也相对减少了很多。这个事件成为拿破仑·希尔一生当中最重要的一个转折点。

心灵悄悄话

> 拿破仑·希尔说:"一个人除非先控制了自己,否则他将无法控制别人。上帝要毁灭一个人,必先使他疯狂。"

付出的终会回来

在你能够培养出完美的自制习惯之前，你一定要了解"报复"的法则。

我们在这儿使用"报复"一词，其意思是指"回报"。而不是复仇，或是寻求复仇。

如果我伤害了你，你一有机会就会对我报复。如果我对你说了不公平的话，你将会以同样不公平的话来报复我，甚至比我所说的还要更恶劣。

在另一方面，如果我帮了你的忙，可能的话，你将帮我，更多的人将会告诉你，他们并未获得好机会。你可以对他们的行为做一整天的观察，以便做更进一步的正确分析。我敢保证，你将会发现，他们在这一天的每个小时当中，正不知不觉地把自动来到他们面前的良好机会推掉。

有一天，拿破仑·希尔站在一家商店出售手套的柜台前，和受雇于这家商店的一名年轻人聊天。他告诉拿破仑·希尔，他在这家商店服务已经四年了，但由于这家商店的"短视"，他的服务并未受到店方的赏识，因此，他目前正在寻找其他工作，准备跳槽。

在他们谈话中间，有位顾客走到他面前，要求看一些帽子。这位年轻店员对这名顾客的请求置之不理，一直继续和希尔谈话，虽然这名顾客已经显出不耐烦的神情，但他还是不理。最后，他把话说完了，这才转身向那名顾客说："这儿不是帽子专柜。"那名顾客又问帽子专柜在什么地方，这位年轻人回答说："你去问那边的管理员好了，他会告诉你怎么找到帽子专柜。"

四年多来,这位年轻人一直处于一个很好的机会中,但他却不知道。他本来可以和他所服务过的每个人结成好朋友,而这些人可以使他成为这家店里最有价值的人。因为这些人都会成为他的老顾客,而不断回来同他交易。

但是,他拒绝或忽视运用自制力,对顾客的询问不搭不理,或是冷淡地随便回答一声,就把好机会一个又一个地损失掉了。

某个雨天的下午,有位老妇人走进匹兹堡的一家百货公司,漫无目的地在公司内闲逛,很显然是一副不打算买东西的态度。大多数的售货员只对她瞧上一眼,然后就自顾自地忙着整理货架上的商品,以避免这位老太太去麻烦他们。其中一位年轻的男店员看到了她,立刻主动地向她打招呼,很有礼貌地问她,是否有需要他服务的地方。这位老太太对他说,她只是进来躲雨罢了,并不打算买什么东西。

只要能够正确使用这项法则,我可以要你做出我希望你去做的任何事情。如果我希望获得你的尊敬、你的友谊以及你的合作,我可以向你提供我的友谊及合作,然后获得你的这一切。

有一次,拿破仑·希尔带着两个儿子——小拿破仑和詹姆斯前往公园,去喂园里的小鸟和麻雀。小拿破仑买了一袋花生,詹姆斯买了一包"乖乖"。

詹姆斯突然想到要拿点花生看看。他没有得到小拿破仑的允许,就自己凑过去抓住那一小袋花生。他没有抓到,小拿破仑立刻施予"报复",左拳打出去,重重地打在詹姆斯的下巴上。

这时候,拿破仑·希尔想到了关于"报复法则"的实验,于是对詹姆斯说:"儿子,你拿花生的态度不对。打开你的'乖乖',拿一些'乖乖'给你的弟弟,看看有什么结果。"拿破仑·希尔费了一番唇舌说服他答应这样做。接着,发生了一件很不平常的事。小拿破仑尚未伸手接过"乖乖",就坚持把他的一些花生倒进詹姆斯的外衣口袋中。

这就是"报复法则"。小孩子们通过学习和运用这种"报复法则",使他们避免了许多次的打架。

如果你能研究、了解及聪明地运用"报复法则"，你将会成为一个效率高而且成功的推销员。

要想精通并有效地运用这项法则，第一步，而且可能也是最重要的一步，就是培养自制。你必须学会忍受各种惩罚及取笑，却不能想要采取同样的报复。这种自制力，是你想要精通"报复法则"所必须付出的代价。

当一个愤怒的人开始辱骂及嘲笑你时，不管是不是公正，你必须记住：

如果你也以相同的态度报复，那么，你的心理程度将被拉到与那个人相同，因此，那个人实际上已经控制了你。

在另一方面，如果你拒绝生气，维持你对自己的控制，保持冷静与沉着，那么，这等于已维持了你所有的正常情绪，因而可经由它们获得理智。你会让对方大吃一惊。你所用来报复的武器是他所不熟悉的，因此，你很轻易地就能控制他。

物以类聚，人以群分，这是不容否认的。

心灵悄悄话

确切地说，你所接触到的每一个人都是一面心灵的镜子，你可以从这面镜子里清楚地看出你完整的心理态度。

如何控制情绪

在成功的路上,很多人的失败其实并不是缺少机会,或是资历浅薄,而是缺乏对自己情绪的控制。愤怒时,不能遏制怒火,使周围的合作者望而却步;消沉时,放纵自己的萎靡,把许多稍纵即逝的机会白白浪费。

对生活中常见的非理性因素你会发脾气吗?你晓得什么时候应该发脾气,什么时候不应该发脾气吗?

如果你在开车时,碰到别人从你身边一擦而过,呼啸一声,使你大吃一惊,你是否会破口大骂呢?很多人会因此发脾气,甚至为此不高兴一天。却不知,对方可能早已高高兴兴地参加聚会去了。要化解不良情绪,我们不妨以风趣、温和的态度解释当时的情形:

"这家伙,一定是老婆赶着去生孩子。"

然后,一笑置之。

反之,忍住不发脾气永远是好的吗?比如,当你的孩子在念书时,隔壁的音响开得很大声,你只管忍耐,不去伸张权益,结果如何呢?这种情况下,我们忍住不发脾气,也等于在纵容别人做不该做的事情。

生活中非理性的因素很多,我们常常会因为这些非理性的因素而控制不住自己的情绪,导致一些不应该的后果,为了更好地控制自己的情绪,我们应该先分析一下生活中常见的非理性因素。

世界之大,我们每个人穷尽一生,能看到、听到、感觉到、体验到的事物极其有限。且不说浩瀚无垠的洪荒宇宙,即使是我们立足的这个渺小的星球,已经使我们再三地承认生命的有限和短促。可即使是烦琐小事,投射到我们的心灵世界里时,就可能变得极其复杂和丰富。

在生活中,我们感觉周围的事物,形成我们的观念,做出我们的评价,以及相应地判断、决策等,无一不是通过我们的心理世界来进行,只要是经由主观的心理世界来认识和观察事物,我们就不可避免会使我们对事物的认识和判断产生偏差,受到非理性因素的干扰和影响。

生活中常见的非理性因素如下:

1. 嫉妒

嫉妒使人心中充满恶意、伤害。如果一个人在生活中产生了嫉妒情绪,那么他就从此生活在阴暗的角落里,不能在阳光下光明磊落地说和做,而是面对别人的成功或优势咬牙切齿,恨得心痛。嫉妒的人首先伤害的是自己,因为他把时间、精力和生命不是放在人生的积极进取上,而是放在日复一日的蹉跎之中。嫉妒同时也会使人变得消沉或是充满仇恨。如果一个人心中变得消沉或是充满仇恨,那么他距离成功也就越来越遥远。

2. 愤怒

愤怒使人失去理智思考的机会。许多场合,因为不可抑制的愤怒,使人失去了解决问题和冲突的良好机会。而且,一时冲动的愤怒,可能意味着事过之后付出高昂代价的弥补。在实际生活中,愤怒导致的损失往往可能是无法弥补的。你可能从此失去一个好朋友,失去一批客户;你的形象可能从此在领导眼里受到损害,别人也从此开始对你的合作产生疑虑。

愤怒时最坏的后果是,人在愤怒的情绪支配下,往往不顾及别人的尊严,并且严重地伤害了别人的面子。损害他人的物质利益也许并不是太严重的问题,而损害他人的感情和自尊却无异于自绝后路,自挖陷阱。如果你心中的梦想是渴求成功,那么,愤怒是一个不受欢迎的敌人,应该彻底把它从你的生活中赶走。

3. 恐惧

过分的担忧可能导致产生恐惧,而恐惧使人学会逃避、躲藏,而不是迎接挑战,不畏困难。对某些事物的恐惧情绪,可能来自缺乏自信或自卑。

一次失败的经历或尴尬的遭遇都可能使人变得恐惧。比如,经历过一次在公众面前语无伦次的演讲,可能使他从此恐惧演讲。这无疑使他在生活中凭空少了许多机会,本来可以通过一番演说和游说来获得的成功机会将从手指缝里溜走。恐惧的泛化还能导致焦虑,焦虑的情绪甚至比恐惧还要糟糕。

有些人把焦虑情绪形容为"热锅上的蚂蚁",这个比喻相当准确,也相当形象。产生恐惧情绪而不想方设法加以控制和克服,这样的潜台词相当于默认自己是个怯懦的失败者。成功的路途上小小的失败就令他望而却步、驻足不前,那么,成功后可能面临的更大的挑战,他又如何能应对呢?

4. 抑郁

成功路途中最可怕的敌人是抑郁。如果说别的消极情绪是成功路上的障碍,使成功之路变得漫长和艰险,那么,抑郁会使你在成功路上南辕北辙。

克服别的情绪问题可能只是个修养和技巧的问题,克服抑郁却相当于一项庞大的工程,它需要彻底改变你的生性:从认知、态度到性格、观念。

一个追求成功的人如果染上抑郁,那么即使有成功的机会也会离他而去。因为成功带给他的不是喜悦,不能使他兴奋起来,他沉浸在自己的琐碎体验里不可自拔。抑郁者仿佛是一个随时驮着壳的蜗牛,只是束缚他的茧壳是无形的。

抑郁者宛若置身于一个孤独的城堡,他出不来,别人也进不去。著名文学家,也是抑郁者的卡夫卡曾这样形容他抑郁的体验:"在我的四周围着两圈士兵,手执长矛。里面的一圈士兵向着我,矛尖指着我;外面的一圈士兵向着外面,矛尖指着外面。他们这样密不透风地圈着我,使我出不去,外面的人也进不来。

5. 紧张

适度的紧张使我们能集中精力,不致分神。但过度的紧张却会使我

们长期的准备工作付诸东流。本来设想和规划得很好的语言和手势，一紧张便会忘得一干二净。过分的紧张使人变得幼稚可笑：脸色发白或涨得通红，双手和嘴唇颤抖不已，头上冒着冷汗，心跳剧烈，甚至感到心悸，呼吸急促，语言支离破碎。这样的情形使我们宛若一个撒谎的幼童。紧张可能仅仅是因为缺乏经验，准备不足。

一个成功者，他也许一直都有些紧张的情绪。但之所以成功，是因为他已经学会了如何控制紧张。美国历史上最著名的总统林肯，当众演讲时始终有些紧张，可是他知道如何控制和巧妙地掩饰过去，不让台下的听众看出来。

6. 狂躁

狂躁容易给人以一种假象，仿佛他很精力充沛，说话和做事都那么有感染力，显得咄咄逼人。初次接触狂躁者时，许多人都会产生错误的感觉，以为他是多么的具有活力和使人感动啊。可是随着时间的推移和了解的加深，你就会发现狂躁者其实不过是一张白纸。他的谈话没有深度，他行事缺乏条理性和计划性，他说过的话转眼就会忘记，交给他的任务也不会受到认真对待。狂躁的情绪容易使人陶醉，因为狂躁者的自我感觉好极了。他会显得雄心勃勃，似乎要追随后羿去把最后一颗太阳也射下来。可是，世界上没有狂躁者也能取得成功的例子。因为狂躁和抑郁其实是两个极端的情绪：狂躁是极度兴奋，而抑郁是极度抑制。在精神病分类里，有一种精神疾患就叫作狂躁—抑郁症。

7. 猜疑

猜疑是人际关系的腐蚀剂，它可以使触手可及的成功机会毁于一旦。莎士比亚在他那出著名的悲剧《奥赛罗》里面，十分生动而深刻地刻画了猜疑对成功的腐蚀。爱情因猜疑而变得隔阂，合作因猜疑而不欢而散，事业因猜疑而分崩离析。猜疑的原因是缺乏沟通。

许多猜疑最终都证明是误会，如果相互之间的沟通顺畅，那么猜疑的霉菌就无处生长。对成功路上艰难跋涉的追求者来说，猜疑将是一个随时可能吞没你整个宏伟事业的陷阱。因为你的猜疑可能随时被别人利

用,而蒙在鼓里的你还浑然不觉。其实,只要你细加分析,就不难发现猜疑是多么的没有道理和破绽百出。

猜疑的另一个原因是对自己的控制能力缺乏足够的自信。为什么会猜疑? 因为担心自己的利益受到损害,而这种担心显然是由于对自己控制局面的能力信心不足造成的。

心灵悄悄话

影响我们认知的准确性的因素很多,如知识、经验的局限;认知观念的偏差;感官的限制等。其中,影响最大的因素是情绪的介入和干扰。